초판 1쇄 인쇄 2009년 11월 25일
초판 1쇄 발행 2009년 11월 30일

지은이 | 조영경

펴낸이 | 남주현
펴낸곳 | 채운북스
주소 | 경기도 고양시 덕양구 토당동 335-72 1층
전화 | 031-970-1628
팩스 | 031-970-1629

ⓒ 채운북스 2009
ISBN 978-89-963393-1-1 (13370)

초등학생 때 준비하는

맞춤형특목고 공부법

조영경 지음

채운북스

중학교에 입학한 조카가 첫 중간고사를 보았습니다.

다른 친구들은 어떻게 공부하나 보았더니 몇몇 아이들은 시험 기간 내내 독서실에서 밤새 공부를 했다고 합니다. 몇 달 전만 해도 초등학생이었던 아이들이 집에도 안 가고 독서실에서 밤을 새웠다는 말에 깜짝 놀랐습니다. 조카는 혼자서 계획을 세우고 열심히 공부해서 평균 90점 이상을 받았습니다.

그렇게 열심히 공부하는 이유는 아마 자기 자신 때문이겠지요. 좋은 성적을 받아 좋은 고등학교에 가고 좋은 대학을 나와 자기가 하고 싶은 일을 마음껏 하기 위해서 말입니다. 공부에 욕심을 부리는 학생들은 지금이 그 때를 위해 열심히 노력해야 할 때인 것을 잘 알고 있는 듯합니다.

그렇다면 이왕이면 좀더 좋은 환경에서 높은 수준의 교육을 받는 것이 좋지 않을까요? 그러면 좀더 자신의 꿈을 일찍 이룰 수 있을지도 모릅니다. 그러한 발판이 될 수 있는 곳이 바로 특목고입니다.

특목고는 우리나라의 명문대뿐만 아니라 미국을 비롯한 세계의 유명 대학에 진학하는 학생들이 많아 점점 인기가 오르고 있습니다. 대학이 전부는 아니지만 좋은 교육을 받으면 그만큼 성공할 기회도 많아집니다. 특목고를 나온 학생들이 사회의 중요한 자리를 차지하고 리더가 되어 있는 것을 보면 특목고에 대한 욕심이 생기지 않을 수 없습니다.

물론 특목고에 입학하기가 쉽지만은 않습니다. 하지만 특목고 준비 과정은 그 과정 자체만으로도 매우 가치 있는 일입니다. 왜냐하면 인생의 첫 번째 목표를 세우고 스스로 열심히 했다는 뿌듯함과 그 과정에서 얻은 많은 지식들 그리고 특목고에 합격하면 그만큼의 성취감까지 느끼게 되니까요.

이 책은 그러한 꿈을 이룰 수 있는 길잡이가 되었으면 하는 바람에서 썼습니다. 왜 특목고 열풍이 불고, 특목고에 입학한 학생들은 초등학생 때 어떻게 공부했으며, 특목고에 가려면 과목별로 어떻게 공부해야 할지 구체적인 정보들을 담았습니다.

무슨 일이든 목표가 생기면 의욕이 생기고 과정이 즐겁습니다. 그리고 그 과정 속에 특목고를 목표로 두고 열심히 공부한다면 분명 누구나 특별한 학생이 될 수 있을 것입니다.

지은이 조 영 경

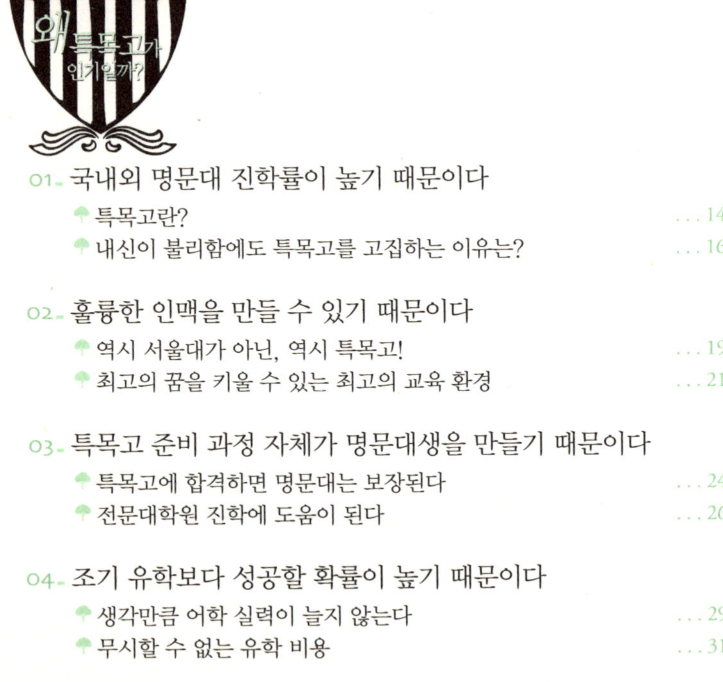

기초 사고력 기르기/창의사고력 키우기/논리력 키우기/놀이와 수학/
수학 탐구 보고서 쓰기/과학영재학교와 과학고 수학/자사고 수학/
외고 수학

영어의 기본은 단어/재미있게 단어 외우기/외고 입시의 핵심, 영어 듣기/
듣기 실력을 키우는 받아쓰기/파닉스/논리력을 키우는 영어 읽기/
영자 신문 쉽게 읽기/미국 명문대를 목표로 한다면 영어 에세이/
외고 영어/과학고 영어/민사고 영어

특목고의 종류와 특목고별 입시 유형

1
왜 특목고가
인기일까?

국내외 명문대 진학률이
높기 때문이다

특목고란?

특목고는 '특수한 목적을 위해 설립된 특수목적고등학교'
입니다. 어학 영재를 양성하기 위한 외국어고, 과학 영재를
육성하기 위한 과학고, 국제화 인력을 양성하기 위한 국제고
등이 있습니다.

그리고 자립형사립고는 흔히 '자사고' 라고 불립니다. 민
족사관고와 상산고, 해운대고, 현대청운고, 포항제철고, 광
양제철고, 하나고 등이 있습니다.

특목고 1호는 1983년에 개교한 대원외고입니다. 당시에는 외국에서 살다온 학생이나 영어에 취미가 있는 학생이 가는 학교 정도로만 생각했습니다. 입학 기준도 별로 까다롭지 않았습니다. 그런데 1992년부터 외국어고가 특목고로 지정되고, 1990년대 중반부터 명문대 합격률이 높아지면서 명문고로 자리잡기 시작했습니다.

외국어고는 서울에 대원외고, 한영외고, 대일외고, 서울외고, 이화외고, 명덕외고 등 6개교가 있습니다. 경기권에는 용인외고, 수원외고, 김포외고, 성남외고, 명지외고, 안양외고, 과천외고 등 모두 9개교가 있으며 현재 전국적으로 30개가 넘는 외고가 있습니다.

과학고는 서울에 서울과학고와 한성과학고, 세종과학고가 있고 경기권에는 경기과학고와 경기북과학고가 있습니다. 이외에 부산의 장영실과학고 등 전국에 20개의 과학고가 있습니다.

국제고는 현재 경기도 가평의 청심국제고, 부산국제고, 서울국제고와 인천국제고 등 모두 4개교가 있습니다.

외국어고는 말 그대로 외국어 위주로 수업이 이루어지는 반면 국제고는 국제무역, 국제경영 등 국제 관련 커리큘럼 중심으로 수업이 진행됩니다. 국어와 국사를 제외하고 모두 영어로 수업이 진행됩니다.

국제학교인 만큼 해외 대학에서도 인정받는 부분이 있어 해외 유학에 유리하고, 국내 대학의 국제학부를 지원할 경우 가산점을 받기도 합니다.

앞으로 법률과 의료 등 사회 각 분야에 외국계 기업이 몰려 국내용 인재들은 발붙일 자리가 없을 거라고들 합니다. 따라서 국제적 인재가 필요할 전망이라 국제고의 위상은 외국어고 이상이라고 할 수 있습니다.

내신이 불리함에도 특목고를 고집하는 이유는?

특목고에는 워낙 성적이 뛰어난 학생들이 모이다 보니 중학교 때 전교 1, 2등을 다투던 학생도 10등, 20등씩 등수가 떨어지기 일쑤입니다.

그래서 일반계고 학생에 비해 내신이 불리할 수 있습니다. 같은 5등급이라고 해도 특목고와 일반계고 학생의 성적은 하늘과 땅 차이입니다.

이렇듯 대학 입시 때 내신이 불리할 텐데도 굳이 특목고를 고집하는 이유는 뭘까요?

바로 좋은 교육 환경에서 공부하고 좋은 대학에 가기 위해서입니다. 특목고를 선택하느냐, 일반계고를 선택하느냐에 따라 명문대 합격률이 80% 이상 벌어진다고 하니까요.

그뿐만이 아닙니다. 특목고만이 가지고 있는 특별한 매력 때문입니다.

특목고의 수업은 질문과 토론만으로 수준 높은 수업이 가능합니다. 또 2개 이상의 외국어를 구사하도록 하기 때문에 굳이 외국어를 배우기 위해 해외 연수를 갈 필요가 없습니다.

특목고는 대부분 세계를 무대로 뛸 인재를 키우는 곳입니다. 따라서 특목고 자체적으로 유학반을 편성하고 고등학교 1학년 때부터 해외 대학 준비생을 뽑아 체계적인 수업을 하고 있기 때문에 해외 명문대 진학률도 높습니다.

이처럼 수준 높은 수업과 국내외 명문대 진학률이 일반계고보다 월등히 높기 때문에 특목고와 자사고의 인기가 식지 않고 있는 것입니다.

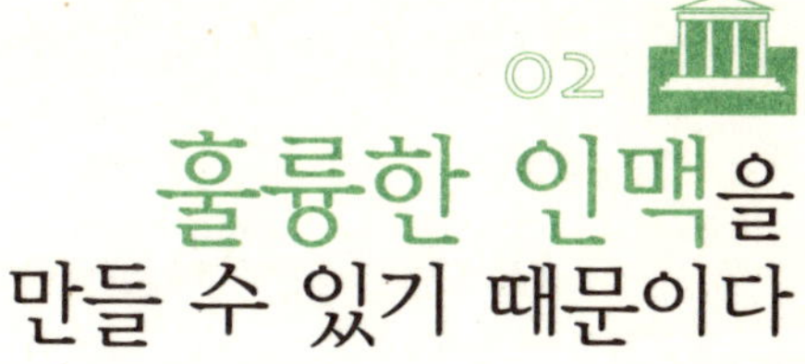

02

훌륭한 인맥을
만들 수 있기 때문이다

역시 서울대가 아닌, 역시 특목고!

사람은 누구나 특별한 대우를 받거나 특별한 집단에 소속되면 자신을 존중하고 사랑하는 마음이 더욱 강해집니다.

'나는 너희들과는 달라.' 하고 스스로를 높이 평가하기 때문에 나쁜 유혹에 쉽게 빠지지 않고 옳은 길로만 가고자 하는 마음이 생깁니다.

특목고와 일반계고 학생들의 경쟁력은 차원이 다릅니다. 특목고의 경우 누가 일등을 하느냐보다는 누가 얼마나 노력

하느냐를 따지기 때문에 서로를 성취감을 함께 느낄 수 있는 동료로 생각합니다.

누가 이기고 지는 경쟁 관계가 아니라, 서로에게 격려가 되고 채찍이 되다 보니 선의의 경쟁과 협력 속에서 피어나는 학생들의 우정은 여느 일반계고 학생들보다 더욱 돈독합니다. 그런 우정은 어른이 되어 사회에 나왔을 때 커다란 역할을 합니다. 바로 '인맥'입니다. 아직 우리 사회에서는 인맥이 중요한 역할을 합니다. 그 가운데 학연도 빼놓을 수 없습니다.

1990년대에 조기 유학을 떠났던 학생들이 우리나라로 돌아와 사회에 진출할 때 많은 어려움을 겪었습니다.

고등학교나 대학교를 외국에서 보낸 탓에 동기나 선후배가 없어서 앞에서 끌어 주고 뒤에서 밀어 줄 인맥이 부족했기 때문입니다.

물론 지금은 예전에 비해 학연에 연연하는 일이 많이 사라졌지만, 그래도 좋은 학교를 나오면 좋은 인맥을 만들 수 있는 게 사실입니다.

이제 어느 대학을 나왔는지도 중요하지만 그보다 앞서 어느 고등학교를 나왔는지도 사회에서는 꽤 든든한 인맥으로 작용할 것입니다. '팔은 안으로 굽는다' 는 속담처럼, 비슷한 실력을 갖고 있다면 이왕이면 같은 고등학교를 나온 동창의 손을 들어 주기 마련입니다.

더군다나 특목고를 나온 학생들은 좋은 대학을 나와 사회의 중요한 자리를 차지하고 있으니 그 영향력이 일반계고보다 큽니다. '역시 서울대' 라는 말이 이제는 '역시 특목고' 라는 말로 바뀌고 있습니다.

최고의 꿈을 키울 수 있는 최고의 교육 환경

특목고가 좋은 이유는 학생들에게 새로운 세계를 보여 주어 눈을 뜰 수 있는 기회를 제공하기 때문입니다.

일반계고 친구들은 보지 못하는 넓은 세상과 만나게 하고 꿈꾸게 하여 미래를 향해 적극적으로 나아갈 수 있도록 합니다. 그렇게 특목고는 대한민국 안에서는 최고의 교육 환경을 갖추고 있습니다.

예를 들어 과학고 학생들은 연구원 수준으로 공부합니다. 일반계고 학생들과는 생각의 폭이나 깊이, 학습 욕구, 탐구력의 수준 자체가 다릅니다. 경쟁이라는 말 자체가 어울리지 않을 정도입니다.

세종과학고의 첨단 과학 기자재는 우리의 상상을 뛰어넘습니다. 국내 최대 규모인 250mm 구경의 굴절망원경, 최고 30만 배까지 확대할 수 있는 전자현미경 그리고 물질의 내구성을 알아보는 진동 시험기 등 웬만한 대학 수준을 넘어서는 고성능 과학 장비를 갖추고 있습니다. 과학 기자재를 구비하는 데만 60억 원 이상이 투입되었다고 하니 일반계 고등학교에서는 꿈도 꾸지 못할 수준입니다.

민사고에서는 학생 2명과 지도교사 그리고 대학의 연구팀이 함께 '수질 오염 분석을 위한 송사리 행동 패턴 분류'라는 연구를 진행했습니다. 그리고 그 결과를 국제학회에 발표해 커다란 반향을 불러일으켰습니다. 고등학생 신분에 공동

저자 자격으로 국제학계에 이름을 알린 것입니다.

또한 학교 생활에서도 불편함이 없도록 배려를 아끼지 않습니다.

서울외고는 무려 7개의 심리 상담실에서 선생님이나 부모님과 상의하기 어려운 고민을 상담하여 줍니다.

대일외고는 입학하는 순간부터 학교 차원에서 학생 개개인을 SIMS(학생정보관리 프로그램) 시스템으로 관리합니다. 부족한 부분은 방과 후 수업으로 채워 주고 관리해 주기 때문에 명문대 진학 실적이 매우 높은 편입니다.

특목고는 좋은 학생을 모집하기 위해 좋은 프로그램을 많이 준비합니다. 그러다 보니 일반계 고등학교에서는 필요없을 경쟁을 특목고 학교끼리 할 수밖에 없습니다. 그 덕분에 몇몇 외고와 과학고는 외국의 어느 학교와 비교해도 뒤지지 않을 정도의 훌륭한 교육 환경을 갖추고 있습니다.

특목고 준비 과정 자체가
명문대생을 만들기 때문이다

특목고에 합격하면 명문대는 보장된다

2008학년도 대학 입시에 따르면 명문 사립대에서는 내신과 상관없이 성적 우수자 전형, 특기자 전형, 글로벌 전형으로 50% 이상을 뽑고 나머지는 정시로 모집했다고 합니다. 2010학년도 서울대학교 경영대에서는 절반 이상을 특기자 전형으로 뽑는다고 합니다. 어찌 보면 내신 비중은 그리 크지 않을 수도 있습니다.

특기자 전형의 대부분은 외국어와 수학, 과학 특기자입니다. 당연히 외국어고와 과학고에서 합격자가 많이 나올 수밖에 없습니다.

일반계 고등학교에 비해 외국어를 3배 이상 배우고 영어 외에도 제2 외국어를 능숙하게 하고 졸업하는 외국어고 학생을 일반계고 학생들이 따라잡기는 매우 버겁습니다.

과학고 역시 이미 고등학교에서 대학 수준의 수학, 과학을 배우기 때문에 일반계고 학생들과는 실력을 비교조차 할 수 없습니다. 과학고 졸업생들은 대학에서 받는 수업을 '고등학교 때 배운 내용을 복습하는 것' 정도로 생각합니다. 일반계고를 졸업한 학생들은 대학 수업을 잘 이해하지 못해 나머지 공부를 하는데 말입니다. 역시 대학에서도 일반계고 졸업생들이 과학고 졸업생을 따라가지 못하고 있는 게 현실입니다.

사실 특목고 학생들은 대학 입시를 치른 것과 마찬가지입니다. 특목고 입시 준비를 하는 동안 암기보다는 사고력과 창의력 배양에 힘쓰고, 진학하고자 하는 특목고에 따라 전략을 세웁니다. 그 과정이 대학 입시와 비슷합니다.

따라서 특목고가 명문대생을 만든다기보다는 특목고 준비 과정 자체가 명문대생을 만드는 셈입니다. 그래서 '특목고에 합격하면 명문대는 보장된다' 는 말이 나오는 것입니다.

특목고 준비 과정에서부터 일반계 고등학교에 입학하는 학생과 수준 차이가 나고, 고등학교에서 공부하는 수준도 다르니 명문대 진학에서 특목고 학생들이 두드러진 활약을 보이는 것은 어쩌면 당연하다고 할 수 있습니다.

실제로 2009학년도 입시에서 서울대 합격생을 많이 배출한 고등학교를 보면 10위 안에 일반계 고등학교는 단 한 곳도 없습니다. 서울과학고가 1위, 이어서 서울예술고, 대원외고, 한성과학고 등 모두 특목고였습니다.

전문대학원 진학에 도움이 된다

지금까지는 우리나라에서 의사가 되려면 의대를 나와야 했습니다. 사법고시는 꼭 법대를 나오지 않아도 시험을 치를 수 있지만, 의사는 반드시 의대를 나와서 국가고시를 봐야 했습니다.

그런데 현재는 의과대학의 50% 이상이 의치학 전문대학원으로 바뀌었거나 바뀌는 과정에 있습니다. 의치학 전문대학원 제도로 바뀌면 대학에서 의학을 전공하지 않아도 의사가 될 수 있는 길이 열린다는 말입니다.

의치학 전문대학원이 일반화되면 서울대 또는 연대 의대 등 학부는 사라지게 됩니다. 의대를 안 나와도 의사가 될 수 있으니 지원자는 많아질 테고 당연히 경쟁이 치열해질 것입니다.

의치학 전문대학원의 입학 시험은 학부 성적과 입시 성적 그리고 면접으로 이루어집니다. 시험 과목은 언어 이외에 나머지는 모두 자연계 과목입니다. 그러므로 4년 내내 자연계 과목을 공부하는 이공계 학생들이 유리할 것입니다.

이제 앞으로 의사가 되는 지름길은 명문대 이공계열로 진학하는 것입니다. 그렇다면 과학고 학생들이 유리하게 되겠죠. 과학고 학생들은 대부분 조기졸업하여 대학의 이공계열에 진학하기 때문입니다.

약대도 2009학년도부터 약학과가 없어지고 약학 전문대학원 체제로 바뀌었습니다. 이제 약사가 되려면 약학과가 아닌 일반학과에 진학해 자격시험을 봐야 합니다.

실제로 대학에 합격한 학생들 가운데에는 2학년 때부터 응시 자격이 주어지는 약학 대학원 준비를 시작한다고 합니다. 그러면 이미 수준 높은 과학 교육을 받은 학생과 그렇지 않은 학생의 경쟁력은 불을 보듯 뻔할 것입니다.

이제 의사나 약사가 되려면 어느 대학이 아니라, 어느 고등학교를 가는 것이 유리한가를 생각해야 할 때입니다.

04

조기 유학보다
성공할 확률이 높기 때문이다

생각만큼 어학 실력이 늘지 않는다

조기 유학이란, 만 18세 이하의 학생이 외국의 정규 학교에 다니는 것을 말합니다. 가족이 함께 가는 경우도 있지만 대부분 가족과 떨어져 있는 경우가 많습니다.

단순히 우리나라의 좋은 대학에 가기 위해 유학을 간다면 문제가 있습니다.

우선 해외 유학의 가장 큰 단점은 기대만큼 어학 실력이 늘어서 온다는 보장이 없다는 것입니다. 공인된 시험을 보고

오는 경우가 거의 없기 때문에 실력이 향상되었는지 객관적으로 평가하기 어렵습니다.

더군다나 단순히 어학 연수를 생각하고 있다면 많은 것을 염두에 두어야 합니다. 다시 우리나라로 돌아왔을 때 중학교 또는 고등학교 수업을 따라가기가 그리 쉽지 않기 때문입니다.

실제로 초등학교 4학년인 학생이 미국에서 1년 반 동안 어학 연수를 하고 돌아왔습니다. 그런데 그 곳에서의 생활이 생각보다 쉽지만은 않았습니다.

영어는 영어대로 공부해야 하고, 집에서는 우리나라로 돌아올 때를 대비해 수학과 과학 등을 공부해야 했습니다. 그러다 보니 '자유롭게 뛰어놀며 공부할 수 있다'고 생각했던 미국에서의 학교 생활은 그야말로 잠자는 시간만 빼고 공부를 해야 하는 생활의 연속이었습니다.

우리나라에서보다 공부하는 시간은 배가 되었고, 스트레스는 더 많이 받았습니다. 미국에서 1년 넘게 살았지만 어학 실력은 기대 이하였습니다.

6학년 2학기 때 우리나라에 돌아와 보니 친구들은 이미 중학교 선행학습을 하고 있었습니다. 급한 마음에 학원을 다녀 보려 했지만 이미 선행학습이 어느 정도 진행된 터라 학원을 다닐 실력도 못 되었습니다.

차라리 어학 연수를 가지 말고 그 시간만큼 우리나라에서 공부를 했더라면 영어뿐만 아니라 다른 과목의 실력도 쌓을 수 있었을 거라며 후회하고 있답니다.

그렇게 어학 연수 또는 해외 유학에 시간을 들이느라 수학 등 기초 과목까지 망치고 돌아오는 경우가 종종 있습니다.

무시할 수 없는 유학 비용

2008년 4월, 민사고 교장은 한 인터뷰에서 해외 명문대에 지원한 민사고 학생 78명이 모두 합격했다고 밝혔습니다.

78명 가운데 25명은 미국 프린스턴대 등 아이비리그에, 나머지 학생은 미국 대학 35곳과 영국 대학 1곳을 비롯, 일본과 중국 명문대에 진학했습니다. 특히 미국 명문대에 합격

한 학생 가운데 몇 명은 여러 명문대에 동시 합격하기까지
했습니다.

우리가 영화나 책에서 보는 미국 학생들은 자유롭게 공부
하고 과외 활동도 많이 하는 것으로 알고 있습니다. 그래서
어학 연수나 유학을 가면 우리나라에서보다는 여유있게 공
부할 수 있으리라 생각합니다. 하지만 현실은 그렇지가 않습
니다.

실제로 유학을 가면 학비는 물론이고 홈스테이 또는 기숙
사비, 이외에 추가 비용이 만만찮게 듭니다.

영어 실력을 보충하기 위해 학원도 다녀야 하고, 운동 같
은 과외 활동에 따른 사교육비도 꽤 많이 들어갑니다. 그래
서 예상하지 못한 추가 비용 때문에 중도에 유학을 포기하는
경우도 종종 있습니다.

만약 미국 서부 지역에 있는 사립학교를 다닌다면 생활비
와 학비, 사교육비 등이 한 달에 적게는 4천 달러에서 많게
는 8천 달러까지 듭니다. (2009년 4월 기준)

더 큰 무대에서 자신의 꿈을 이루기 위해 유학을 가는 거라면 모를까, 단순히 우리나라보다 쉽고 편할 거라는 기대로 유학을 생각한다면 다시 생각해 봐야 할 것입니다.

오히려 그런 노력과 결심이라면 우리나라에서도 충분히 좋은 대학에 갈 수 있습니다. 그리고 그런 노력으로 특목고의 문을 두드린다면 좋은 환경에서 공부하고, 우리나라의 명문대는 물론이고 해외 명문대까지 선택할 수 있는 기회가 주어질 것입니다.

민사고의 경우 1998년에 국제반을 만들어 1년 뒤 학생 2명이 코넬대에 입학한 것을 시작으로 지금까지 해외 명문대 응시생 전원이 합격했습니다.

국제고의 경우는 학비가 일반계고에 비해 비싸지만, 수많은 위험 부담과 엄청난 유학 비용을 생각한다면 조기 유학보다는 가치가 더 크다고 할 수 있습니다. 학교 교육만으로도 얼마든지 세계 무대에 자신있게 뛰어들 실력과 용기를 키울 수 있으니까요.

해외 명문대에 대한 정보를 빠르고 폭넓게 접할 수 있고, 학생 개개인에 맞는 진로 가이드가 국제고의 최대 매력입니다.

조기 유학에 따르는 노력과 비용 그리고 실패에 대한 두려움 등을 생각한다면 특목고가 가지고 있는 경쟁력은 결코 무시할 수 없을 것입니다.

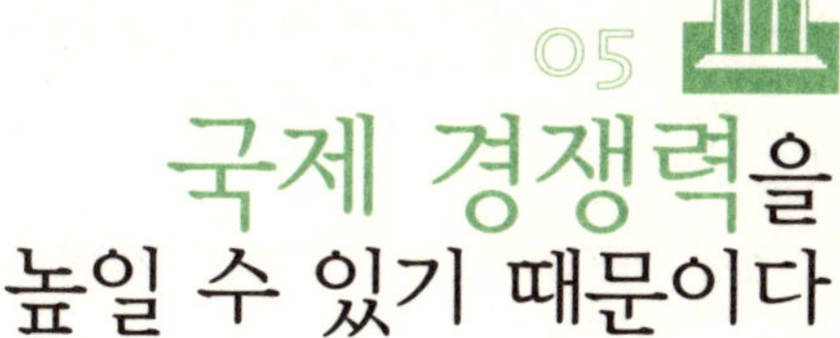

05

국제 경쟁력을
높일 수 있기 때문이다

교육 열풍은 전 세계적인 현상이다

우리나라에 '치맛바람'이라는 말이 있듯이 미국에는 '사커맘'이라는 말이 있습니다.

사커맘이란, 아이가 축구 레슨을 받는 동안 운동장 한편에서 복잡한 스케줄표를 놓고 머리를 짜는 엄마를 말합니다. 미국 역시 엄마들이 매니저처럼 아이의 과외 활동 스케줄을 조절하며 사교육에 매달리고 있습니다.

예를 들면 미국 최고의 학군이라 불리는 버지니아 주의 페

어팩스 카운티에서는 명문 유치원에 들어가기 위해 임신 전부터 대기자 명단에 아이 이름을 올려놓아야 합니다.

초등학교 3학년 때부터 영재교육 프로그램이 운영되고, 과학고 입시를 위한 학원도 즐비합니다.

매일 새벽 3시에 아이를 태우고 수영장에 가는 엄마도 있고, 아이들을 위해 의사 직업을 포기하고 교육에 전념하는 엄마도 있습니다.

그래서인지 미국 대학들은 행복한 비명을 지르고 있다고 합니다. 그만큼 좋은 교육을 받은 학생들이 좋은 대학으로 몰리고 있으니까요. 더불어 미국 대학들도 훌륭한 학생을 끌어들이기 위해 서로 경쟁을 해 미국의 대학 수준은 점점 더 높아지고 있습니다.

가까운 중국도 교육열이 엄청납니다. 아이들 뒷바라지를 위해 휴직을 하기도 하는 등 자녀를 명문대에 보내기 위해 아주 열성적입니다. 실제로 국제경시대회에 출전하는 중국 학생들의 실력은 아주 뛰어나답니다.

지구촌 곳곳에서 이런 현상이 나타나고 있습니다. 이런 학생들과 경쟁해야 하는 사람은 다름 아닌 바로 우리 아이들입니다.

나라 안에서 자신의 실력과 꿈을 펼치기에는 경쟁력도 낮고 무대도 너무 좁습니다. 우리 아이들은 대한민국이라는 사회가 아니라, 전 세계를 무대로 활동해야 하고 할 수밖에 없습니다. 그러면 과연 누가 승자가 될 수 있을까요?

꿈의 크기가 다른 특목고

물론 일반계고에서도 좋은 교육을 받고 열심히 공부해서 국내외 명문대에 진학할 수는 있습니다.

하지만 20대에 넓은 세계를 본 사람과 10대 때 이미 넓은 세계를 본 사람의 생각의 폭이나 깊이, 꿈의 크기는 다를 수밖에 없습니다.

또한 아무리 학생이 세계를 보려고 해도 학교에서 지원을 해 주지 않으면 기회는 그만큼 적을 수밖에 없습니다.

심한 입시 경쟁으로 학생들 사이를 갈라놓는다든지, 초등학교 때부터 과외나 학원 등 사교육 열풍을 일으킨다는 등 특목고를 좋지 않은 시선으로 바라보는 사람들도 많습니다.

하지만 특목고를 준비하고 있거나 이미 특목고에 재학중인 학생들은 너무나 잘 알고 있습니다. 특목고는 이런 부정적인 요소들을 한방에 날려 버리고도 남을 만큼 큰 가치를 지니고 있다는 것을 말입니다.

우리 아이들의 경쟁 상대는 옆에 있는 친구가 아닙니다. 지금은 보이지 않는, 저 넓은 대륙 건너편에 있는 외국 학생들이 경쟁 상대입니다.

게다가 아이들이 경쟁에서 뛰어난 실력을 발휘하면 그것은 아이들만의 성공이 아닙니다. 크게는 나라 대 나라의 경쟁이 되고 그것은 곧 국가의 이익과 직결됩니다.

앞으로 우리 아이들의 이름 앞에는 '대한민국' 이라는 수식어가 줄곧 붙어다니게 될 것입니다. 자신뿐만 아니라 국가를 위해서라도 앞으로는 글로벌화된 수준 높은 교육이 아니면 미래를 보장할 수 없게 됩니다.

그렇기 때문에 일반계고보다는 좀더 교육 환경과 프로그램, 교사들의 실력, 학교 시설 등이 좋은 특목고나 자사고로 우수한 학생들이 몰리고 있는 것입니다.

2
특목고 학생들은
초등학생 때
어떻게
공부했을까?

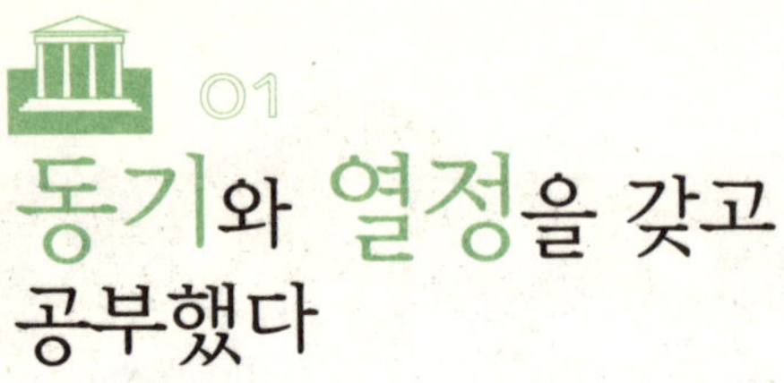

동기와 열정을 갖고 공부했다

과학영재학교나 과학고에 합격한 학생들에게는 몇 가지 공통점이 있습니다.

첫째는 자신의 꿈에 대한 의지가 강하다는 것이고, 둘째는 구체적인 학습 계획을 세워 실천에 옮긴다는 점입니다. 마지막으로 셋째는 공부에 대해 대단한 집중력을 보인다는 점입니다. 남들이 10시간 공부할 내용을 단 1시간에 마칠 정도로 말입니다.

부모님 따라 잠시 중국에 다녀온 한 여학생이 있었습니다.

귀국해서 보니 잠시 영어를 손에서 놓은 사이 친구들의 영어 실력이 자신보다 부쩍 높아져 있어 깜짝 놀랐다고 합니다.

중학교에 올라오자 친구들과의 영어 실력 차가 더욱 벌어져 열등감만 커져갔습니다.

영어를 잘하기 위해서라면 무슨 일이든 하겠다는 마음가짐은 '외고에 가고 싶다'는 막연한 생각을 낳게 되었고, 중학교 3학년이 되자 진지하게 외고 입시를 준비하게 되었습니다. 비록 내신도, 영어 실력도 그저 그랬지만 '하면 된다'는 마음으로 결심을 굳혔습니다.

지방에 살고 있었기 때문에 이렇다 할 영어 학원이나 외고 대비 학원은 없었습니다. 대도시 학생들은 외고 전문학원에서 공부할 것을 생각하면 속이 탔지만, 여학생은 자신이 할 수 있는 모든 방법을 동원했습니다.

우선 인터넷을 돌아다니면서 여러 학교 기출문제를 찾았습니다. 부모님과 함께 신문이나 인터넷에 나온 외고 관련 기사는 모두 스크랩해 두었습니다.

그리고 전국에서 열리는 외고 설명회에는 모두 참석하여

외고 입시를 위한 공부 방향과 출제 경향을 분석했습니다. 마침 지원한 외고에서는 시험 유형과 출제 경향 등이 바뀐다는 정보를 입수하고, 맞춤 학습 계획을 세워 그야말로 밤을 새워가며 공부했습니다. 그렇게 외고에 대한 열정과 정보력 등을 기반으로 이 학생은 서울의 한 외고에 합격했답니다.

공부에 미쳐 죽어 보자는 열정

늘 전교 1등만 해 오던 한 남학생은 선생님의 권유로 국제고에 지원하기로 했습니다. '내신이 좋으니까 쉽게 갈 수 있겠지.' 하는 생각으로 학원이나 공부할 생각은 하지 않았습니다. 그러다가 3학년이 되었는데, 2년 동안 전교 1등이던 성적이 뚝 떨어지고 말았습니다.

학생은 그제서야 불안해지기 시작했습니다. 여름방학이 끝날 무렵이었으니 공부할 시간도 별로 없고 내신도 떨어졌으니까요. 그러다 보니 국제고에 대한 욕심은 더욱 커졌습니다.

‘공부에 미쳐 죽어 보자’는 생각으로 학원에 다니며 공부를 했답니다. 그래야 떨어져도 후회가 안 될 테니까요.

국제고 준비반 학원에서 첫 수업을 들은 학생의 심정은 그야말로 절망적이었습니다. 3년 내내 특목고를 준비해 온 학생과 불과 석 달을 앞두고 특목고를 준비하는 학생의 실력에 큰 차이가 나는 건 당연했습니다.

다른 사람이 보기에는 불가능해 보였지만 남학생은 오히려 오기가 생겼습니다. 하루도 빠짐없이 학원에 나가 매일 새벽 2시까지 공부했습니다. 하루에 4시간도 못 자고 밥 먹는 시간도 아껴가며 공부에 열중했습니다. 나중에는 몸이 상해서 링거를 맞으면서까지 공부를 하기도 했습니다.

그리고 드디어 시험날. 미친 듯이 노력했기 때문에 불합격한다 해도 후회가 안 될 것 같은 생각이 들자 마음이 편안해졌습니다. 그리고 정성을 다해 시험을 보았고 결과는 합격이었습니다.

목표를 세우는 일은 쉽습니다. 계획을 세우는 일도 쉽죠.

하지만 계획한 대로 실천하여 목표를 이루기란 쉽지 않습니다. 생각보다 몇 배나 더 힘들 수 있습니다.

그래도 특목고에 합격한 학생들은 그 과정을 잘 견뎌냈습니다. 특목고라는 목표를 세우고, 또 그 간절함을 가지고 미친 듯이 공부했기 때문에 불가능할 것 같은 일을 가능하게 만든 것입니다.

목표를 일찌감치 세워 공부했다

공부는 누구에게나 힘듭니다. 아마도 공부를 잘할 수 있는 뾰족한 방법이 없어서 그럴지도 모르겠습니다. '피할 수 없으면 즐겨라' 라는 말처럼 즐겁게 하는 것만이 최고의 공부 방법이 아닐까 싶습니다. 어차피 평생 공부를 하지 않고는 살 수 없습니다.

공부를 즐겁게 할 수 있는 방법 가운데 하나가 바로 목표를 세워 공부하는 것입니다. 목표를 세우고 그 목표를 달성

했을 때의 성취감을 맛보면 점점 공부의 매력에 빠지게 됩니다.

물론 목표가 흔들릴 정도로 공부가 힘들 때도 있을 것입니다. 특히 특목고는 전국의 우수한 학생들만이 들어갈 수 있을 정도로 공부를 잘해야 합니다. 그러니 당연히 다른 학생들보다 스트레스를 더 많이 받고 그만큼 목표도 잘 흔들리겠지요.

그런데 특목고에 합격한 학생들을 보면 공부하는 이유가 정말 뚜렷합니다.

외고에 합격한 한 학생은 어렸을 때부터 외교관이 되는 것이 꿈이었습니다. 몇 개 국어를 유창하게 하면서 여러 나라를 오가며 우리나라를 세계에 알리는 멋진 사람이 되길 바랐습니다. 그래서 힘들 때마다 자신의 꿈을 마음 속에 그렸습니다. 그 꿈을 위해 지금의 고통쯤은 참고 견뎌야 한다고 스스로 다짐했습니다.

좀더 구체적인 꿈을 가지고 외고를 목표로 삼은 학생도 있습니다. 외고 독어과에 입학한 한 남학생은 어렸을 적 꿈이 경제부처 장관이었다고 합니다. 그래서 유럽 최고의 경제 대국인 독일로 유학을 가서 공부하고 오겠다는 꿈을 이루기 위해 열심히 공부해 외고에 합격했습니다.

목표를 세우고 집중한다

무슨 일이든 관심도 많고 재주도 많은 청년이 있었습니다. 그런데 이상하게 되는 일이 하나도 없어 솔로몬 임금을 찾아갔습니다.

"임금님, 성공하는 법을 가르쳐 주십시오!"

솔로몬 임금은 잔에 포도주를 가득 부어 청년에게 주며 말했습니다.

"포도주 잔을 들고 시내를 한 바퀴 돌고 오면 비결을 가르쳐 주겠다. 단, 포도주를 엎지르면 네 목을 베리라."

청년은 땀을 뻘뻘 흘리며 시내를 한 바퀴 돌고 왔습니다. 그러자 솔로몬 임금이 물었습니다.

"시내를 돌며 무엇을 보았느냐? 거리의 거지와 장사꾼들을 보았느냐?"

그러자 청년이 대답했습니다.

"포도주 잔에 온 신경을 쓰느라 아무것도 보고 듣지 못했습니다."

"바로 그것이 성공 비결이다. 인생의 목표를 확고하게 세우고 집중하면 주위의 유혹과 비난이 들리지 않을 것이다."

청년은 크게 깨닫고 가장 중요한 일에 집중해서 매달렸습니다. 한 가지 일에 집중하니까 시간도 낭비되지 않았습니다. 그리고 성공해서 행복하게 잘 살았답니다.

성공한 사람들의 공통점 가운데 하나가 목표를 세우고 끝까지 해낸다는 것입니다. 그냥 열심히 하면 되지 목표를 세울 필요까지 있을까 싶기도 할 것입니다.

그렇지만 '목적지와 방향을 알고 가면 여행이지만 모르고 가면 방황' 이라는 유럽 속담처럼 공부도 마찬가지입니다. 확실한 목표를 세우면 주변의 유혹을 뿌리치고 공부에 집중할 수 있고 또 쉽게 포기하지 않게 됩니다.

옛날 나치 수용소에서 살아남은 유태인은 건강한 사람이 아니라, 살아야 하는 이유와 목표를 가진 사람들이었습니다.

일단 목표를 세우면 그 목표를 달성하기 위해 어떻게 해야 할지 방법을 찾게 됩니다. 그리고 자신만의 노하우도 만들어 냅니다. 당연히 시간 관리를 잘하게 되고 집중력도 강해집니다. 마치 앞 이야기의 청년이 포도주 잔에 온 신경을 집중하듯 한 가지 목표를 세우고 집중하면 성공할 수 있습니다.

03
자기 주도적 학습을 했다

　　자기 주도적 학습이란, 학생 스스로가 공부의 필요성을 깨닫고 학습 목표를 정하며, 적절한 학습 전략을 세워 공부하고 그 결과를 평가할 때도 자신이 주도적 역할을 하는 학습입니다.

　　혼자서 공부한다는 의미가 아니라, 스스로 학습 계획을 세우고 그에 따라 선택하고 결정해 공부한다는 것입니다. 학원을 다니는 것도, 과외를 받는 것도 스스로 결정하는 것입니다.

대학 입시에서 최고 점수를 받은 학생들이 입버릇처럼 하는 말이 있습니다. '학원도 안 다니고 과외도 안 받고 학교 공부에만 충실했다' 는 말입니다.

이 말은 공부 습관에 관한 것입니다. 사교육을 받든 안 받든 반드시 일정한 시간만큼 혼자 공부하는 시간이 분명하다는 것입니다.

실제로 서울대 재학생 100명을 상대로 조사했더니, 대부분의 학생이 일정 시간 혼자 공부했고, 수업 시간에 정확하게 이해하지 못한 문제는 반드시 스스로 해결하려고 노력했다고 합니다. 스스로 공부할 줄 안다는 얘기입니다.

학생들 대부분이 공부를 하면서도 어떻게 공부해야 하는지 잘 모릅니다.

그러다 보니 기본 지식만 있으면 되었던 초등학교 저학년에서 점점 폭넓고 깊은 지식을 가져야 하는 고학년으로 올라갈수록 공부가 어렵게 됩니다. 특히 중학교, 고등학교는 환경까지 바뀌니 더더욱 성적이 떨어지는 경우가 많습니다.

더군다나 특목고를 목표로 하고 있다면 중학교 성적이 좋아야 하는 것은 물론이고, 초등학교 때부터 공부 습관을 들여 놓아야 특목고에 진학해서도 공부를 잘해 나갈 수 있습니다.

초등학교 시기를 충실하게 보냈느냐, 아니냐에 따라 정확하게 중 · 고등학교 성적이 결정됩니다. 초등학교 때 눈에 보이는 성적에 연연해 수동적이고 암기식 위주로 공부를 하면 공부 습관과 자신감, 동기 부여 등이 부족하게 됩니다. 그러면 학습 효과도 떨어지게 됩니다. 그렇기 때문에 자기 주도적 학습 자세가 반드시 필요합니다.

무엇보다 공부를 왜 해야 하는지 알면 공부를 재미있게 하게 됩니다. 그리고 성적이 오르면 그 성취감에 더욱 공부를 열심히 하게 되는 선순환이 이루어집니다.

자기 주도 학습센터가 있는 중학교가 몇 곳 있습니다. 개인별로 학습과 생활 습관의 장단점을 파악하고 이를 토대로 맞춤 계획을 세워 학습 관리를 하는 것으로, 많은 학생들의 성적이 올랐습니다. 한 학기를 끝마칠 무렵 평균이 10점이나 오른 학생도 있고, 학원을 다니지 않고도 내신 1% 안에 든 학생도 있습니다.

공부의 기본과 기술 등을 익혀 자기 주도적 학습력이 생기면 환경이 바뀌든, 공부할 양이 많아지든 상관없습니다. 따라서 특목고 학생들은 중학생이 되기 전에 반드시 자기 주도적 학습 습관을 들였습니다.

자기 주도적 학습 방법

동기가 없으면 아무리 책상 앞에 앉아 있어도 소용이 없습니다.

일단 목표를 세우고 학습 계획을 짜도록 합니다. 학년이 올라갈수록 공부할 양은 많아지고 내용은 더욱 어려워집니다. 계획을 세우지 않고는 학교 진도를 따라가기조차 버거울 수 있습니다.

우선 교과서를 읽을 때는 핵심을 찾으며 공부합니다. 이번 단원, 또는 이번 페이지에서 중요한 것은 무엇인지 생각하면서 공부합니다.

그리고 반복해서 합니다. 아무리 머리가 좋아도 한 번 듣고 이해하고 기억하는 사람은 별로 없습니다. 반복을 통해서 새로운 정보가 아니라 내 것인 정보로 만듭니다.

특목고 학생들은 목표 세우기를 좋아합니다. 멀게는 10년, 짧게는 한 학기, 한 달, 일 주일씩 단위를 줄여 나갑니다.

과학자가 되기 위해서 원하는 대학의 학과를 정하고, 그 학과를 가기 위해 과학고를 목표로 삼고 좀더 세분화하여 공부합니다. 공부 습관, 공부 환경, 취약 과목 분석 등을 통해 자신에게 알맞은 방법을 선택합니다. 그리고 목표와 전략을 실천에 옮깁니다.

04

구체적인 계획를 세워 공부했다

초등학교는 공부의 기초를 닦고 공부 습관을 몸에 익혀야 하는 시기입니다. 그래야 중학교, 고등학교에 가서도 좋은 성적을 유지할 수 있습니다.

먼저 계획을 세워 공부하는 습관을 들여야 합니다. 계획이라고 해서 거창한 것이 아니라, 그날 그날 해야 할 일들을 계획을 세워 처리하는 것을 말합니다.

학교 숙제와 학습지 그리고 학원 스케줄을 시간별로 짜는 것입니다. 계획표는 시간 관리 능력을 키우는 데 큰 도움이 됩니다. 시간 관리 능력은 우등생의 첫 번째 자질이기도 합니다. 계획을 세울 줄 알아야 자기 주도적 학습이 가능해집니다. 하나에서 열까지 부모의 손을 빌려야 한다면 특목고는커녕 좋은 성적을 얻기도 힘듭니다.

초등학교 저학년 때는 알림장 정도만으로도 시간을 관리할 수 있지만, 4학년 이상의 고학년은 자신만의 학습 계획서가 있어야 합니다. 학교 공부와 학원 스케줄 그리고 시험 일정 등을 모두 기록해 두면 자신이 하루를 어떻게 보냈는지, 그리고 시간 관리를 효과적으로 했는지 알 수 있습니다.

계획표는 크게 세 가지로 나눌 수 있습니다. 평소의 계획표, 시험 기간의 계획표 그리고 방학 때의 계획표입니다.

특목고를 준비하는 초등학생의 평소 계획표

학습 플래너를 이용하여 하루 동안 있었던 일들과 해야 할 일, 공부한 내용 등을 기록합니다. 학습 플래너를 이용하면 하루를 어떻게 보냈고 공부를 어느 정도 했는지 알 수 있으니까요. 매일매일 기록하면 자신이 무슨 과목의 어떤 부분이 부족한지 알 수 있는 것은 물론, 시간 관리와 자기 관리를 효과적으로 할 수 있습니다.

6월 29일

학교 숙제 | 사회 새로운 직업 3가지 이상 직업의 이름과 하는 일 조사.

학원 숙제 | 영어 단어 50개 외우기, 수학 프린트 풀기.

문제집 풀기
- 수학 A문제집 p34~40 | 응용문제를 많이 틀림. C문제집으로 보충. p39 5번 문제, 선생님께 여쭤볼 것.
- 영어 B원서 p50~70 | 모르는 단어가 20개! 우와~ 그래도 끝까지 읽기!

특목고를 준비하는 초등학생의 시험 계획표

시험에 대비해서는 반드시 시험 일정표를 짭니다. 그래야 자신이 부족한 과목을 시간을 잘 활용해서 효과적으로 공부할 수 있으니까요.

늦어도 1주일 전까지는 일정표를 짜서 공부하되, 되도록 구체적으로 작성합니다. 월요일에는 국어 공부, 화요일에는 수학 공부 이런 식이 아니라 교과서로 공부할 것인지, 문제집으로 공부할 것인지, 참고서로 공부할 것인지 등을 구분하고 공부할 페이지도 적어가며 계획표를 짜야 합니다.

시간	공부할 내용	성취 정도
3:00 4:00	국어 문제집 p20~30 풀고 오답노트 만들기.	OK
5:00 6:00	수학 공식 내용 정리. B문제집 오답노트 정리.	문제집 p31 3번 문제 이해 잘 안 됨.
7:00	저녁식사 및 휴식.	
8:00	영어 100단어 암기.	단어 80개 완벽. 자기 전에 20개 다시 확인.
9:00	사회 문제집 p15~25 풀고 오답노트 만들기.	교과서의 지도 다시 확인할 것. (눈 감고도 그릴 정도로!)

특목고를 준비하는 초등학생의 방학 계획표

계획표는 시험 때만이 아니라 방학 때도 필요합니다. 하루를 관리하는 일일 생활 계획표 말고 방학 기간 동안 해야 할 일과 하고 싶은 일들을 기록합니다. 그렇게 계획을 세워 하나하나 달성하고 지워 나갈 때마다 느끼는 기분은 정말 가슴 뿌듯하답니다.

방학은 부족한 공부나 운동 그리고 취미 생활을 하기에 적당합니다. 학교에 다닐 때보다 자유롭고 시간이 많으니까요. 하지만 자칫 게으름을 피우다가는 아무것도 하지 못한 채 시간만 흘려보낼 수 있어요.

방학을 어떻게 보내느냐에 따라 다음 학기나 다음 학년, 심지어는 중학교와 고등학교 성적까지 좌우될 수 있습니다.

영어 완전정복 | 영어 동화책 100권 읽기!
수학 완전정복 | 문제집 10문제 매일 풀기
키 크는 교실 | 수영 다니기
농촌 체험 캠프 가기
피아노 배우기…….

창의사고력을 키웠다

창의력 문제가 어려워서 특목고 입시에 실패했다는 학생들이 많습니다. 그런가 하면 창의력 문제가 별로 어렵지 않았다는 학생들도 있습니다.

그렇다면 창의력은 타고나는 것일까요? 아닙니다. 창의력은 훈련을 통해서 충분히 키울 수 있습니다. 실제로 2007년에 대원외고에 입학한 한 학생은 학원에서 배운대로 했더니 문제 풀이가 쉬웠다고 합니다.

그렇다면 창의력이란 무엇일까요? 그것은 새로운 것을 사고할 수 있는 능력, 문제를 새롭게 해결하려는 태도를 말합니다.

예를 들면, 좋은 아이디어를 재빨리 많이 생각해내는 능력, 다양한 시각으로 문제에 접근하고 더 좋은 문제 해결 방법을 찾는 능력, 아이디어를 구체적으로 발전시키는 능력 그리고 다른 사람이 생각하지 못한 독특한 것을 생각해내는 능력입니다. 이러한 능력이 골고루 발달해 있으면 창의력이 높다고 합니다.

하지만 창의적인 사람들은 아이디어가 저절로 머리 속에 떠오르는 것이 아닙니다. 새로운 것을 이끌어내기 위해 지식을 쌓고 그것을 재료로 하여 끊임없이 사고하는 훈련 과정을 반복해 온 사람입니다. 그리고 문제를 논리적으로 해결하고 그 안에 관찰하고 분석하며 파악할 수 있는 능력을 가지고 있어야 합니다.

그 모든 것의 밑바탕이 되는 게 바로 호기심입니다. 호기심은 창의력에 필요한 모든 요소를 이끌어내는 원천의 역할을 합니다.

SK텔레콤의 최연소 상무 윤송이 박사는 과학고를 졸업하고 외국 유학을 다녀왔지만 초등학생 때는 모범생이 아니었다고 합니다. 산으로 들로 뛰어다니며 저건 왜 저럴까, 저건 왜 저럴까 하고 호기심을 키우며 미래의 과학도가 가져야 할 자질을 익혔다고 합니다.

창의사고력 키우는 방법

특목고에 가기 위해서는 초등학생 때 영어나 수학만큼 창의력 발달에 관심을 가져야 합니다. 그러기 위한 4가지 원칙이 있습니다.

첫째, 관찰에 익숙해져야 합니다.

관찰은 과학 과목에만 국한된 것이 아닙니다. 국어, 수학, 사회 등 모든 것이 다 관찰의 대상이자 과정이 됩니다. 관찰을 하는 동안 새로운 것의 필요성을 느끼게 되고, 현재와 미래의 상황을 떠올리며 적절한 문제 해결 방법을 생각해냅니다.

이러한 관찰은 생각만 한다고 해서 효과를 거두는 것은 아닙니다. 무엇보다 관찰은 논리적이어야 합니다. 단순히 보는 것이 아니라 하나를 정해서 세밀하게 살펴보는 자세가 필요합니다. 관찰이 곧 새롭고 창조적인 문제 해결력의 원동력이 됩니다.

둘째, 문제를 분석하는 습관을 길러야 합니다.

모든 현상에는 원인과 과정, 결과가 있습니다. 왜 그럴까? 하는 질문은 원인 속에 결과가 담겨 있으므로 중요합니다. 또 문제의 원인에 대해 충분히 생각한 뒤에, 나라면 어떻게 해결했을까? 생각해 보는 연습을 해야 합니다.

셋째, 일반화하는 과정이 필요합니다.

혼자 관찰하고 분석한 문제는 객관적 근거로 남들에게 증명할 수 있을 때 빛을 발합니다. 관찰하고 분석한 후에 그 원리가 다른 현상이나 다른 문제에도 널리 적용되는지 살펴봐야 합니다.

특목고 입시에 나오는 창의사고력 문제들이란 실생활에서 다양하게 나타나는 현상을 다루는 문제인 경우가 많습니다.

넷째, 추리 추측을 통해 직관력을 키워야 합니다.

어떤 문제를 해결하는 데 적합한 순서와 결과를 미리 예측할 수 있어야 합니다. 또한 그 예측은 직관에 의존했더라도 반드시 논리적 근거를 가져야 합니다. 요즘 특목고 시험에는 수학이 아닌 과목에서도 추리력과 직관력을 측정하는 문제가 많이 출제되고 있습니다.

영어를 예로 들면, 구체적인 상황이 주어지고 앞으로 일어날 일을 예측하여 영어로 서술하거나 말하게 하는 문제가 나옵니다.

문제의 해결이란 결국 가설을 세우고 그것을 논리적으로 입증하는 과정입니다. 그 속에서 누가 더 창조적인 가설을 세우고 독특한 논리를 전개해 입증하느냐가 창의성의 측정

기준이 됩니다. 따라서 논리 훈련에서는 추리력과 직관력을 키우는 프로그램이 중요합니다.

특별히 창의성을 위해 공부하는 것이 어렵다면 다양한 책을 많이 접하고, 시간 날 때마다 여행을 하거나 박물관, 미술관, 공연장 같은 곳을 찾아다니면서 직접 보고 느끼는 기회를 많이 갖는 것이 중요합니다.

나만의 다양한 스펙을 쌓았다

2009학년도까지 특목고 입시에는 지필형 구술면접시험이 있었습니다. 주로 교과목에 대한 면접이 이루어졌지만, 2010학년도부터는 구술면접시험으로 바뀌었습니다.

이제 면접 과정에서 학생이 선택한 학교와 전공 그리고 꿈과 잠재력에 대해 알아보고 물어보는 경우가 늘어날 것입니다. 만약 자신의 꿈에 대해 어렸을 때부터 차근차근 준비를 해 왔다면 면접에서 당당하고 해박하게 포부를 밝힐 수 있을 것입니다.

이 때 동아리 활동 경력이나 수상 경력, 자격증 등이 큰 도움이 됩니다. 단순한 말보다는 자신의 꿈을 구체적으로 나타낼 수 있으니 자신이 얼마나 능력 있고 준비된 학생인지 보여 줄 수 있습니다.

그러기 위해서는 학생회 활동, 즉 전교 학생회장과 부회장, 학급 반장과 부반장 등 임명장을 받고 활동한 경력을 늘려야 합니다. 교내의 다양한 동아리 활동 및 학교 밖의 사설 동아리 등에 참여한 경력 등은 개인의 잠재력을 예측할 수 있는 매우 중요한 자료입니다.

실제로 과학고를 지원한 한 학생은 어려서부터 곤충에 관심이 많아 그 동안 읽은 책과 수집한 내용, 활동한 동아리, 참석한 과학 캠프 등의 관련 자료를 모두 모아 포트폴리오를 만들었습니다.

'나는 곤충에 대해 관심이 많습니다.' 하고 아무리 말해 보았자 소용없습니다. 그 동안 쌓아온 자신의 활동 내역을 통해 얼마나 곤충에 관심이 많고 준비된 미래의 곤충학자인지 분명히 내보일 수 있습니다.

그리고 교내 활동보다는 지역 활동, 나아가 전국 단위의 활동인 경우 주최 기관이 방송국이나 문화부 관련 기관, 지역 문화원, 대기업 등 규모가 클수록 인정 가치도 높아집니다.

실제로 2009년 3월 1일자로 KAIST 부설이 된 한국과학영재학교에서 2011학년도부터 입학사정관 제도를 70% 이상 확대하여 신입생을 선발할 예정입니다.

각종 경시대회 입상 실적은 전혀 고려하지 않고 내신 성적과 탐구 활동, 독서 활동, 봉사 활동, 리더십 활동, 발명 활동 등을 참고하여 창의성과 잠재력을 지닌 학생을 발굴할 예정입니다.

각종 인증시험

인증시험의 과열을 막기 위해 인증시험 성적을 입시에 반영하지 않는 특목고가 늘고 있습니다.

하지만 반대로 민사고는 민사국어경시대회를 신설하였습니다. 그리고 서류전형에서 국어·영어·수학 인증시험 성적표 제출이 의무화됐습니다. 대원국제중과 영훈국제중도 인증시험을 준비해야 합니다.

아직 초등학생이 치르기에는 무리인 시험도 있지만, 중학교에 들어가 준비하는 것보다는 초등학생 때 늘 관심을 가지고 인증시험에 맞게 공부를 한다면 나중에 큰 도움이 될 것입니다.

영어는 초등학교 3~4학년부터 매년 한 가지 이상씩 시험을 치르도록 합니다. 꼭 특목고를 위한 준비가 아니더라도 자신의 영어 실력을 확인해 볼 수 있는 좋은 기회가 될 것입니다.

영어 인증시험인 TOSEL은 앞으로 토플 대용 인증시험으로 활용하는 학교나 기관이 늘어날 것입니다. IET는 대원외고에서 주최하는 국제영어능력경시대회입니다. 초등학교 3학년부터 참가할 수 있습니다. 비교적 공신력이 있는 시험으로 전국의 같은 학년들간의 등수도 확인할 수 있습니다. 국내 유일의 회화능력인증시험으로 ESPT가 있습니다.

수학은 한국학력평가연구원과 중앙일보에서 주최하는 한국수학학력평가가 있습니다. 초등학교 1학년부터 응시할 수 있습니다. 교내 경시대회 수준으로, 상위 5% 안에 든 학생에게는 전국수학경시대회 참가 자격이 주어집니다.

전국수학경시대회는 우수한 학생끼리 경쟁하는 대회로, 한국수학경시대회의 전 단계라 할 수 있습니다. 한국수학경시대회는 난이도가 가장 높고, 국제중이나 특목고에 자기소개서 작성할 때 활용할 수 있습니다.

국어는 평소에 책읽기와 글쓰기를 꾸준히 하면서 학년마다 한 번씩 참가합니다. 기초국어능력 인증시험은 한국언어문화연구원에서 주관합니다. 일상적인 언어 생활을 유지하는 데 필요한 기초적인 국어 사용 능력을 측정하고 말하기, 듣기, 읽기, 쓰기에 관련된 종합적인 국어 사용 능력을 측정

합니다.

한국언어능력평가는 한국학력평가원이 주최하는 시험으로, 초등학교 1학년 때부터 같은 학년끼리 치를 수 있습니다. 교과서 중심이어서 쉬운 편입니다.

그 외에 국사 관련 시험인 한국사능력 검정시험이 있습니다. 국사편찬위원회에서 주관하고 있습니다. 서울대가 대입 수능에서 국사를 필수 과목으로 채택하였고, 게다가 논술에 국사와 사회 영역의 지식은 아주 많이 필요합니다. 초등학교 3학년 때부터 매년 참가하면 역사 공부에 많은 도움이 될 것입니다.

한자능력 검정시험도 준비하는 것이 좋습니다. 우리말은 한자어가 70%가 넘기 때문에 한자를 많이 알면 알수록 독해력에 도움이 됩니다. 초등학교 때 4급 정도의 실력을 가지고 있으면 중·고등학교 때도 독서와 학습에 큰 도움이 됩니다.
인터넷 시대에 걸맞는 대회에도 참가하는 것이 좋습니다.

특히 정보 검색과 문서 작성은 고학년이 되면 중요하게 작용
하므로 최소한 컴퓨터 활용 능력시험 정도는 치르도록 합니
다.

IT꿈나무 올림피아드는 교육인적자원부와 KAIST, 삼성
SDS에서 주최합니다. 초등학교 4학년 이상 참가할 수 있는
데, 상위 입상자에게는 국내 및 해외 영재캠프 연수 특전이
주어집니다.

정보기술 자격시험은 한국생산성본부가 주최합니다. 정보
기술 관리 및 실무능력 수준을 등급화해 인증하는 시험입니
다. 글로벌 시대인 만큼 정보의 바다인 인터넷을 통해 국내
외의 방대한 정보를 손쉽게 찾을 수 있는 능력은 매우 중요
하므로 도전해 보는 것이 좋을 것입니다.

07

독서력뿐 아니라
시사력까지 파고들었다

독서는 모든 과목 공부의 기본입니다. 책을 읽지 않고 공부를 한다는 것은 생각조차 할 수 없습니다. 동화나 만화책 같이 재미있고 읽기 편한 책뿐만 아니라, 논설문이나 설명문 같이 딱딱한 글도 읽어버릇해야 합니다.

특목고를 준비하는 학생들은 주로 정기간행물을 활용합니다. 예를 들면 잡지나 어린이신문 같은 것입니다.

일반적인 독서는 기본 지식을 채워 주지만, 정기간행물을 보면 새롭게 전해지는 뉴스를 접할 수 있습니다. 책을 많이 읽어 기본 지식이 많다고 해서 안심할 것이 아니라, 빠르게 변화하는 시사뉴스도 놓치지 않도록 정기간행물을 꾸준히 구독하는 게 좋습니다.

저학년 때부터 꾸준히 잡지를 보다가 고학년이 되면 수준을 높여 조금 더 전문적인 잡지로 바꿔 보는 것이 일반적입니다.

특히 신문 사설은 빼놓을 수 없는 좋은 공부 재료입니다. 자신의 생각을 논리적이고 체계적으로 일정 분량 내에서 글로 표현해야 하는 논술과 비슷한 형식의 글이 신문 사설입니다. 사설을 매일 읽으면 시사상식이 풍부해지고, 배경 지식 또한 폭넓게 쌓을 수 있습니다. 어휘력과 독해력, 문장 구조 파악 능력도 키울 수 있습니다.

통합교과형 논술은 주제를 던져 주고 쓰게 하는 것이 아니라, 지문을 제시하고 문제를 출제하는 식입니다. 그러한 논술 시험에서 중요한 것은 빠른 독해력과 정확한 키워드를 찾는 능력입니다. 빨리 읽고 요점을 정확하게 쓸 수 있는 능력 말입니다. 그러므로 지문형 글의 독해 연습을 할 수 있는 사설이 적당합니다.

그리고 특목고를 준비하는 학생들은 한 가지 신문만 보지 않습니다. 신문에는 보수적인 논조의 신문과 진보적인 성향의 신문이 있습니다. 전자의 대표적인 신문으로는 조선, 중앙, 동아일보를 들 수 있고, 후자의 대표적인 신문으로는 한겨레신문을 들 수 있습니다.

같은 주제에 대한 양측의 입장이 다를 수 있으므로 두 가지 사설을 읽고 요약하고 정리하며 자신의 생각을 적습니다.

사설노트를 만들면 훨씬 편하게 정리할 수 있습니다.

우선 신문 사설을 오려서 붙입니다. 사설에는 모르는 단어나 용어, 한자어가 아직 많으므로 메모할 수 있도록 넉넉한 크기의 노트를 준비합니다. 사설을 읽고 그 아래에 2~3줄로 요약 정리합니다.

처음에는 조금 힘들 수 있으므로 사설을 몇 단락으로 쪼갠 후 각 단락을 읽으면서 내용을 연결하도록 합니다. 그런 다음 나만의 생각을 적습니다.

이런 과정을 15분이 넘지 않도록 연습합니다. 처음부터 잘 되지는 않을 것입니다. 한두 달 가지고도 익숙해지지 않습니다. 끊임없이 연습하는 것이 중요합니다.

어느 정도 익숙해지면 신문 기사를 찾아보도록 합니다. 주로 사설은 그 날의 이슈가 주제인 경우가 대부분입니다. 따라서 신문을 훑어보며 관련 기사를 찾는 것이 어렵지 않을 것입니다.

이제 사설과 기사를 읽고 요약하고 정리하며 자신의 생각을 메모하도록 합니다. 그런 후에 앞에서 말했듯이 2가지 이상의 신문을 읽고 서로 비교해 보는 것이지요.

사설노트를 만들어 어휘와 개념 그리고 신조어 등을 정리해 두면 나중에 자신만의 시사 사전으로 활용할 수도 있습니다. 뿐만 아니라 특정 주제로 글짓기를 할 때 굳이 다른 자료를 찾을 필요가 없습니다. 사설노트에서 그 주제 관련 자료를 찾아 쓰면 됩니다.

특목고나 자사고의 입시에서 통합형 사회 및 시사 관련 시험을 치르는데, 이 때 영역별로 분류된 사설노트는 훌륭한 시험 대비 교재 역할을 합니다.

정기간행물 읽기

신문을 읽으면 세상을 보는 눈을 키울 수 있습니다. 신문은 매일 일어나는 사실을 전달합니다. 그런데 일간신문은 지면의 제약 때문에 기승전결을 자세히 다루거나 기자가 의도한 바를 다 못 싣는 경우가 많습니다.

그래서 주간지를 구독하는 게 도움이 됩니다. 주간지는 매주 하나의 기사를 심층 분석하는 커버스토리가 있어서 어떤 주제를 어떤 식으로 접근하고, 어떻게 심층적으로 분석하는지 배울 수 있습니다.

월간지는 너무 두꺼워 부담이 되고 내용도 방대하므로 주간지가 적당합니다. 예를 들면 〈경제매거진〉은 실생활에 필요한 경제 개념을 키우는 데 아주 유용합니다.

편집장이 칼럼을 통해 한 주의 경제, 시사 이슈를 분석적이고 날카롭게 보여 주므로 글쓰기 훈련을 하기에도 좋습니다. 또한 한국 경제뿐만 아니라 국제 경제 문제를 함께 읽고 공부할 수 있으므로 자연스럽게 글로벌한 사고를 익히게 됩니다.

08

과외 활동을 열심히 했다

특목고와 자사고는 학생의 이력은 물론 진로까지 다방면으로 평가해 잠재 능력을 파악하고자 합니다. 그렇기 때문에 교과 성적, 각종 수상 실적과 공인 인증시험 성적 그리고 봉사 활동 등의 실적을 많이 쌓아 포트폴리오를 작성하는 것이 좋습니다.

입학사정관 제도로 바뀐 과학고의 입시에서는 입학사정관이 학생이 삶에 대해 어떤 목표를 가졌는지, 자신의 꿈을 이루기 위해 얼마나 열정을 가지고 노력했는지를 중요한 평가 대상으로 삼습니다.

교과 성적뿐만 아니라 과외 활동과 봉사 활동의 범위가 넓을수록 인정을 많이 받을 수 있습니다.

따라서 교과 관련 학원이나 개인 교습을 제외하고 자신의 특기 적성을 살리기 위해 거쳤던 과외 활동도 중요한 포트폴리오의 일부가 될 수 있습니다.

피아노나 바이올린 같은 악기를 비롯해 태권도나 수영 같은 체육 그리고 바둑 등도 자신의 잠재 능력을 살리기 위해 노력한 바를 증명해 줄 만한 증거 자료가 될 수 있습니다.

생물학자가 꿈인 한 학생은 어려서부터 곤충에 관심이 많아 독서, 곤충 채집은 물론 동호회에도 가입해 꾸준히 활동을 하면서 각계각층의 많은 사람들과 정보를 공유하고 있습니다.

가족과의 여름휴가도 계곡이나 곤충 관련 캠프에 참여해 그 자료들을 차곡차곡 모았습니다. 국제중을 목표로 하고 있는 이 학생은 서류전형의 자기소개서에 지금까지 갖춰온 자료를 활용할 것이라고 합니다.

봉사 활동의 경우 우리나라는 그저 점수 채우기에 급급한 실정입니다. 그래서 해외 대학에선 한국 학생의 봉사 활동 내역은 믿기 힘들어 낮게 평가한다고 합니다. 그래서 자비로 몽골, 파키스탄 등으로 해외 봉사 활동을 떠나는 학생들이 늘고 있습니다.

특목고나 자사고를 비롯한 명문고에서는 오로지 학교 공부만 잘하는 학생이 아닌, 여러 방면에 관심이 많고 재주가 많은 학생들을 선발하려고 합니다.

그래서 성적은 다소 뒤처지지만 특정 분야의 활동 경력이 우수하고 잠재력이 있는 학생들을 선발하기 위해 입학사정관 제도를 점점 확대 시행하고 있습니다.

2011학년도부터 과학고가 입학사정관제를 실시하고, 서울대 역시 입학사정관제를 확대 실시하면서 비교과 영역 평가에 많은 비중을 두고 있습니다.

실제로 한 여학생은 인권과 자원봉사에 관심이 많아 외국에서 봉사 활동도 하고 민주화 문제를 다루는 행사 등에도 참여하여 특수재능 우수자 전형으로 이화여대 사회과학부에 합격했습니다.

참여할 수 있는 봉사단체

초등학생이 단독으로 봉사 활동에 참가할 수 있는 경우는 많지 않습니다. 그러므로 가족 단위로 참여하는 것이 좋습니다. 또한 봉사 확인서가 수여되는 공공기관을 통하는 것도 중요합니다.

월드비전, 아름다운 가게 등 국내외 기부 단체에 정기적으로 용돈의 일부를 기부하는 봉사 활동도 좋습니다.

다일 공동체(www.dail.org)
밥퍼나눔운동본부와 다일 천사 병원에서 자원봉사를 할 수 있습니다.

YWCA(www.seoulywca.or.kr)
민들레 가족 봉사단이 있어서 초등학생 자녀를 둔 2인 이상 가족을 대상으로 월 2회, 토요일 오후에 모여 자원 봉사 활동을 합니다.

흥사단(www.yka.or.kr)
민족 독립을 위한 일꾼 양성을 목적으로 도산 안창호가 설립한 단체입니다. 국내뿐 아니라 미주에도 지부가 있습니다. 국토 순례, 국토 탐험 캠프, 환경 보호, 농촌 봉사 활동 등 다양한 경험을 할 수 있습니다.

열린이웃(www.opennb.com)
(주)라임글로브가 인터넷포털사이트를 통해 시작한 자원 봉사 단체입니다. 기업 스폰서십이 좋은 편으로 가족 봉사, 해외 봉사, 단기 봉사 등 다양한 봉사 활동을 경험할 수 있습니다.

SFP배단(www.sfp.or.kr)
초등학생 또는 청소년이 가족 단위로 참여 가능한 봉사 프로그램입니다. 방학을 이용해 청소년이 참여 가능한 방북 봉사 프로그램인 '북한 청소년 아궁이 봉사단'을 운영하고 있습니다.

영재교육원을 준비했다

http://blog.naver.com/cmath_club?Redirect=Log&logNo=30054519983#

영재교육원은 크게 시·도 교육청 산하 영재교육원과 대학 부설 영재교육원으로 나뉩니다.

그 외 지역에도 영재교육원 또는 영재교육센터가 있습니다. 구체적인 것은 지역 교육청 및 대학 홈페이지를 통해 확인할 수 있습니다.

대학 부설 영재교육원이 시·도 교육청 산하 영재교육원과 다른 점은 학년 구분이 없다는 것입니다. 선발할 때부터 학년 구분 없이 동일한 시험을 치릅니다. 따라서 고학년이

대학 부설 영재교육원

서울특별시 | 서울교대, 서울대, 연세대
경기도 | 아주대, 경원대, 대진대
인천광역시 | 인천시립대
부산광역시 | 부산대
대구광역시 | 대구교대, 경북대
광주광역시 | 전남대
대전광역시 | 충남대
울산광역시 | 울산대
강원도 | 강원대, 강릉원주대
충청북도 | 청주교대
충청남도 | 공주교대, 순천향대, 호서대, 공주대
전라북도 | 전북대, 군산대, 원광대
전라남도 | 목포대, 순천대
경상북도 | 안동대, 안동과학대, 경북대
경상남도 | 경남대, 창원대, 경상대, 인제대
제주도 | 제주대

시·도 교육청 산하 영재교육원

서울특별시 | 각 지역 교육청
(강남교육청, 동작교육청, 강동교육청 등 11개)
경기도 | 각 지역 교육청
(성남교육청, 고양교육청, 수원교육청 등 25개)
인천광역시 | 각 지역 교육청
(남부교육청, 강화교육청 등 5개)

뽑히기 쉽습니다. 시·도 교육청 산하 영재교육원은 학년별로 선발하여 교육이 이뤄집니다.

영재교육원은 좋은 공교육을 받을 수 있는 기회이기 때문에 인기가 많습니다. 게다가 특목고에 따라 영재교육원 출신 학생에게는 가산점을 주거나 영재교육원 출신 학생에게만 특별 전형의 기회를 주기 때문에 일반 학생보다 유리합니다.

영재교육원은 경쟁이 치열하므로 들어가기가 하늘의 별따기입니다. 그 이유는 우선 여느 교육기관에서는 접할 수 없는 고품격 수학과 과학 관련 프로그램을 접할 수 있기 때문입니다.

과학 프로그램은 실험 및 프로젝트식 수업이 일반적이고, 수학 역시 사고력 위주의 수업이 진행됩니다.

방학중에는 캠프를 개최하는데, 일반 학교나 사교육기관에서는 경험할 수 없는 최고 수준의 수학과 과학 프로그램을 배우게 됩니다.

그리고 과학고의 인기가 급상승하기 때문입니다. 과학고

는 외고와 달리 선발 인원이 제한적입니다. 국가에서 운영하기 때문에 교육비도 저렴해 인기가 높아지고 있습니다.

영재교육원의 시험 유형

영재교육원은 영재학교와 다릅니다. 영재학교는 '한국과학영재학교'를 말하며 카이스트 부설로 카이스트 교수나 박사급 교원 등 전문성을 갖춘 교원들이 교육합니다.

서울과학고가 영재학교로 전환되어 개교하였으며, 경기과학고, 대구과학고 또한 영재학교로 2010년 전환되어 개교할 예정입니다.

영재교육원 시험에는 범위가 없습니다. 문제 유형도 선행 학습이 필요한 문제보다는 창의력과 사고력을 필요로 하는 문제가 많이 나옵니다. 대부분의 영재교육원은 수학이나 과학 관련 영재를 교육하기 위한 곳이므로 영어 시험은 치르지 않습니다.

초등학교 4학년 때 선발하므로 시험은 초등학교 3학년 겨울방학에 치릅니다. 사고력 위주의 논술형 시험이기 때문에 학교 공부만으로는 턱없이 부족합니다. 수학과 과학 관련 책을 많이 읽고, 문제나 공식 위주의 수학 공부가 아닌 원리와 개념을 이해하는 효과적인 독서와 토론, 글쓰기 등을 꾸준히 하며 준비해야 합니다.

대학 부설 영재교육원의 원서 접수 및 전형 일정은 학교별로 다르지만 시·도 교육청 산하 영재교육원은 보통 11~12월 초에 학교장 추천을 받습니다.

그리고 12월 중순에 영재성을 이루는 요소인 창의성과 언어, 수리, 공간지각에 대한 능력을 측정합니다. 12월 하순에 수학, 과학, 발명, 정보과학 가운데 자신의 적성에 맞는 과목을 선택하여 검사를 받습니다.

마지막으로 이듬해 1월에 면접을 통해 영재교육 대상자를 최종 선발합니다.

예술 분야에서는 실기 시험을 보기도 하며, 수학과 과학은 실험을 통해 평가하기도 합니다.

영재교육원은 대학과 시·도 교육청마다 시기가 다르므로 수시로 검색해 확인하는 것이 좋습니다.

2008학년도 서울시교육청 산하 영재교육원 문제

❶ 어깨에서 손가락 끝까지 사용하지 않고 냉장고 문을 여는 방법

❷ 초와 스펀지로 만들 수 있는 물건을 최대한 서술해 보아라.

❸ 학생 3명이 부모님 없는 친구를 샌드위치 장사로 도와 주려고 한다. 하루에 2시간씩 장사를 할 때 고려해야 할 점을 중요한 순서대로 서술해 보아라.

특목고 캠프에 참가했다

특목고를 목표로 하고 있다면 한번쯤 학교에 직접 가 보는 것이 좋고, 방학 때마다 개최하는 캠프에 참여하는 것도 좋습니다.

서울국제고의 경우 중학교 2학년을 대상으로 3박 4일 동안 영어 캠프를 진행합니다. 30명을 선발해 원어민 영어 교사에게 듣기, 말하기, 읽기, 쓰기 지도를 받고 예체능 및 공연도 이루어집니다.

특히 서울국제고에 재학중인 학생 30명이 오후에 같이 참여해 조언자 역할을 하는 멘토가 되어 진로 등을 상담해 주기도 합니다.

멘토들은 성적도 뛰어나고 생활도 모범적인 학생들입니다. 캠프 기간 동안 영어로 이야기하면서 중학생들이 자연스럽게 영어를 익힐 수 있는 환경을 만들어 줍니다.

과학고에서는 과학 체험 캠프를 엽니다. 과학고 안에서 과학 실험을 중심으로 이루어지는 간단한 캠프입니다. 초등학생도 참여할 수 있어서 과학에 대한 흥미와 과학고에서 제대로 과학을 공부하고 싶다는 동기를 심어 주기에 충분합니다.

한국외대부속용인외고에서는 방학 때 영어 캠프를 개최합니다. 초등학교 2학년부터 참가 신청을 할 수 있습니다. 가격이 조금 비싸지만 영어뿐만 아니라 다양한 국제 문화도 배울 수 있는 장점이 있습니다.

민사고만의 특별한 캠프

각 특목고에서는 무료 또는 유료로 다양한 캠프를 진행하고 있습니다. 민사고에서도 다양한 캠프를 마련하고 있는데, 참가비가 조금 비쌉니다. 크게 세 종류의 캠프가 있습니다. 토론 캠프와 GLPS 그리고 GiSS입니다. 주로 초등학교 고학년과 중학교 1, 2학년을 대상으로 여름방학과 겨울방학에 실시하고 있습니다.

❶ GLPS(Global Leadership Program for Students)(www.glps.or.kr)

4주 동안 영어로 진행되는 리더십 캠프입니다. 초등학교 5학년부터 참여할 수 있으며, 민사고 교사가 가르치기도 하고 외부 영어 선생님이 와서 가르치기도 합니다. 캠프를 다녀온 학생들 대부분이 영어 실력도 늘고 민사고 진학에 대한 확신이 들어서 좋다고 합니다.

❷ GiSS(http://giss.minjok.hs.kr/)

GiSS는 민사고 과학영재캠프로 수학 및 과학의 5개 영역(물리, 화학, 생물, 지구과학, 정보)을 공부합니다.

민사고의 과학 교사들은 각 분야별로 대학교수 수준의 박사급으로 구성되어 있습니다. 학생들이 과학 원리를 정확하게 이해할 수 있도록 지도하고 실험과 연구 보고서 작성, 올림피아드 준비까지 체계적인 과학 교육을 해 오고 있습니다.

그러한 지도 경험을 바탕으로 과학에 관심과 능력이 있는 학생들에게 과학자로서의 올바른 연구 자세와 방법을 지도하기 위해 마련한 것이 과학영재캠프입니다.

학생들이 자신의 영재성을 발견하고 계발할 수 있는 좋은 기회가 될 것이고, 캠프에 다녀온 후에도 민사고 지도교사들로부터 홈페이지 등을 통해 추수지도를 계속하여 받을 수도 있습니다.

❸ 토론 캠프

토론 캠프는 민사고 토론 경시와 관련되어 있기 때문에 인기가 많습니다. 보통 6박 7일 동안 진행되고, 초등학교 6학년부터 참여할 수 있습니다.

특목고 입시에 실패한다면?

보통 초등학교 4학년 때부터 특목고를 준비합니다. 왜냐하면 4학년이 되면 공부 내용도 어려워지고 어느 정도 공부에 대한 습관도 들여야 할 때이기 때문입니다. 이 때 얼마나 좋은 습관을 몸에 익히고 공부하는 방법을 터득했느냐에 따라 앞으로의 성적도 좌우됩니다.

공부에 대한 생각이 많아지기 시작하니 목표도 생길 테고 장래 희망도 더욱 구체적으로 나타나게 됩니다. 그러다 보니 진로에 대해 친구나 부모님과 이야기를 나눌 기회도 많아지고요.

세계를 무대로 활동하거나 과학자, 또는 최고의 리더가 되고 싶다면 특목고를 생각하지 않을 수 없습니다. 꿈을 이루기 위한 첫 단계가 바로 특목고라고 할 수 있습니다.

그런데 초등학교 때부터 목표로 삼고 중학교 3년을 포함해 5년을 공부해 왔는데 특목고 입시에 실패한다면 어떨까요?

특목고 자체가 목적인 아이들은 실패에 좌절하기도 합니다. 하지만 특목고는 기나긴 인생의 한 과정일 뿐, 끝이 아닙니다.

목표로 했던 것을 이루지 못했다고 인생 자체가 흔들린다고 할 수는 없습니다.

특목고 준비를 열심히 하면 그 만큼 자기 실력이 올라가고 성실히 공부한 데 대한 보상은 반드시 받게 될 것입니다. 그것이 다만 지금이 아닐 뿐, 앞으로 더 좋은 결과를 가지고 올 수도 있습니다.

새로운 기회를 얻다

한 학생이 자사고인 전주 상산고에 지원했다가 떨어졌습니다. 당연히 붙을 줄 알았던 터라 실망감이 더욱 컸습니다. 얼마 동안은 자신감도 사라지고 스스로가 미워지기까지 했습니다.

하지만 그런다고 달라질 것은 아무것도 없었습니다. 그래서 자신감을 되찾기 위해 고등학교에 입학하면 1등을 해야겠다고 다짐했습니다.

그리고 아침부터 밤까지 공부만 했습니다. 참고서를 몇 권씩 사서 선행학습을 하고, 특목고에 실패한 이유를 분석하고 부족한 과목을 더욱 열심히 공부했습니다.

고등학교에 입학한 후 첫 중간고사에서 전교 4등을 했습니다. 좋은 성적뿐만 아니라 하면 된다는 자신감까지 얻었습니다. 공부에 대한 흥미도 생겨 그 후로 전교 1등을 놓친 적이 없습니다.

스스로 수학이나 과학에 소질이 있다고 생각해 상산고에

지원했지만, 일반계 고등학교에서 공부를 하다 보니 영어와 언어에 재능이 있다는 것을 깨달았습니다. 상산고에 다녔더라면 자신의 진짜 재능을 몰라볼 뻔한 것입니다.

이 학생은 일반계 고등학교의 강점이라고 할 수 있는 내신을 잘 관리해 서울대 사회과학부에 합격했습니다.

특목고 준비생 10명 가운데 2명만 합격하고 나머지는 떨어지는 게 현실입니다.

도전에 성공했다면 앞으로 자신의 꿈을 더욱 키워가면 되고, 실패했다면 그 경험에 의의를 두면 됩니다. 실제로 명문대 진학에 성공한 많은 학생들이 특목고 진학에 실패한 경험을 가지고 있거든요.

특목고는 하나의 과정일 뿐입니다. 과학고는 훌륭한 과학자가 되기 위해 거치는 과정일 뿐입니다. 따라서 과학고에 떨어졌다고 좌절하거나 꿈을 포기할 필요는 없습니다.

특목고에 합격했다고, 또는 실패했다고 모든 것이 결정나는 것은 아닙니다. 대학 입시도 치러야 합니다.

특목고 준비를 하면서 몸에 익힌 습관과 학습 방법, 마음가짐은 일반계고에서의 학습에 도움이 되고 대입, 나아가 사회 생활에서도 큰 도움이 될 것입니다.

특목고를 준비했다는 사실 자체만으로도 좋은 경험을 한 것이고 인생 목표를 수정할 수 있는 좋은 기회를 얻을 수도 있는 것입니다.

특목고에 입학했다가
스스로 나온 아이들

특목고를 단순히 좋은 대학에 가기 위한 수단으로만 생각하면 안 됩니다. 특목고에 입학했다고 꼭 밝은 미래만 있는 것이 아닙니다. 특목고는 하나의 과정일 뿐이며 또다른 시작을 위한 발판일 뿐입니다.

사람은 변하기도 하고, 자신의 진짜 모습을 제대로 보지 못하기도 합니다. 정말 자기가 좋아하는 것이 무엇이고 자기 적성에 맞는 일이 무엇인지 알기란 쉽지 않은 일입니다.

언어에 소질이 있다고 생각했는데 공부해 보니 과학이 적성에 맞는 경우도 있고, 수학은 누구보다 뛰어나다고 생각했는데 알고 보니 단순히 문제 풀이가 재미있었을 뿐 자신이 정말 바라는 직업은 외교관이라는 것을 깨달은 학생도 있습니다.

특목고에 따라서는 학교 기숙사 생활을 해야 하는 곳도 있습니다. 그런데 기숙사 생활에 적응하지 못해, 학교에서 여러 방면으로 상담도 하고 지도도 했지만 결국 일반계 고등학교로 전학하는 학생들도 많습니다.

아침에 스스로 일찍 일어나야 하고 컴퓨터·게임·음악 등 취미 생활도 스스로 통제하지 못하면 생활이 엉망이 되기 일쑤입니다. 밤늦게까지 컴퓨터 게임 등을 하느라 수업 시간에 조는 경우도 있으니까요.

기숙사형 학교가 아닌 경우에는 내신 때문에 전학을 가는 경우가 많습니다. 1학년 중간고사를 치른 후 학생들은 불안

해합니다. 늘 1, 2등을 다투던 아이들이 10등 밖으로 밀려나
가는 경우가 많습니다. 그러면 아무래도 일반계 고등학교보
다 내신이 불리해지고 그 불안감을 떨치지 못해 학교를 그만
두는 것입니다.

또한 특목고 중에는 학비가 부담될 정도로 비싼 곳도 있습
니다. 학교마다 다르겠지만 어느 외고의 경우 수업료가 학기
당 100만 원이 넘고, 방학중에는 많은 돈을 들여 해외 어학
연수도 다녀와야 합니다.

따라서 단순히 좋은 대학에 가기 위해서만 외고를 선택하
는 것은 낭비일 수 있습니다. 일반계 고등학교에서도 열심히
공부하면 좋은 대학에 갈 수 있으니까요.

특목고를 자퇴하고 성공한 사람

특목고는 국내외 명문대로 가는 하나의 발판은 될 수 있어
도 유일한 방법은 아닙니다.

실제로 하버드대를 졸업한 성소라 씨는 중학교를 자퇴하고 미국으로 가 음악 공부를 하다가 다시 한국에 돌아와 대원외고 유학반에 들어갔습니다.

하지만 외고 유학반은 성소라 씨에게 맞지 않았습니다. 공부보다는 특별활동이나 과외활동을 하고 싶었기 때문입니다.

그래서 일반계 학교로 전학 가 외고에는 없던 체육, 미술, 음악 시간을 즐기며 고등학교 시절을 보냈습니다. 그리고 전교 11등의 성적으로 하버드대에 들어갔습니다.

하버드대에 들어가는 학생은 머리가 뛰어나고 공부를 아주 잘하는 수재이거나, 아니면 공부는 어느 정도 하고 자신만의 색깔을 확실히 지니고 있거나 둘 중 하나입니다. 따라서 공부만큼 얼마나 열심히 생활하고 많은 경험을 했는지도 해외 명문대에 들어갈 수 있는 발판이 되는 것입니다.

세상에 길이 하나뿐인 경우는 없습니다. 또 그 길을 포기했다고 남은 길이 사라지는 것도 아닙니다.

특목고를 준비하다가 그만두었든, 특목고를 다니다가 그만두었든, 그만둔 것보다는 그 후에 어떻게 할 것인가가 더 중요한 것입니다.

3
특목고 대비
과목별
공부 방법

기초 사고력 기르기

수학은 개념과 원리를 제대로 파악하는 데서 출발합니다. 그러므로 더하기, 빼기, 곱하기, 나누기 등 수학 연산을 배울 때 문제 풀이를 단순 반복하는 것은 별 의미가 없습니다.

더군다나 최근 바뀐 수학 교과서는 공식 암기와 문제 풀이 위주에서 벗어나 있습니다. 일상생활에서 일어나는 일들을 수학적으로 생각하고 표현하면서 수학적 개념과 원리를 이해하도록 하는 데에 초점이 맞추어져 있습니다.

문제 유형도 단순한 덧셈, 뺄셈이 아니라, 문제를 읽고 식을 세워 답을 구하는 문장형 문제가 많습니다.

5000−1300=

5000원짜리 지폐로 1300원짜리 과자를 샀다.
거스름돈은 얼마인가?

풀이식은 5000−1300으로 똑같지만 문제를 이해하는 과정이 더 추가되었습니다.

이제 수학은 수학적 사고력과 문제 해결력을 키우는 데 목적을 두고 있습니다. 수학 전문가들도 앞으로는 풀이 과정을 글이나 서식으로 표현하는 서술형 문제와 문장형 문제가 학생들의 수학 실력을 평가하는 핵심 방법이 될 것으로 내다보고 있습니다.

굳이 특목고에 진학하기 위해서만이 아니라 일반 중학교, 고등학교 그리고 대입 시험에서 좋은 수학 점수를 얻으려면 문장형 문제에 익숙해져야 합니다. 특히 4학년이라면 이제는 정말 서술, 논술형 문제에 대비해야 합니다.

그러기 위해서는 첫째, 모든 수학의 원리를 이해하고 그것을 다른 사람에게 설명하는 방식으로 공부하는 것이 좋습니다.

공식은 단순히 외우는 데에서 그치는 것이 아니라, 왜 그러한 공식이 나왔는지 스스로 이해하고 다른 사람에게 설명할 수 있도록 익혀야 합니다.

그리고 문제 풀이 과정을 논리적으로 이해하고 설명할 수 있어야 합니다. 두 자리, 세 자리 수의 곱셈보다는 어떠한 수든 0을 곱하면 왜 0이 되는지 논리적으로 이해하는 것이 더 중요합니다.

또, 하나의 문제를 여러 가지 방법으로 풀어 보는 것이 중요합니다.

문제를 그림으로 그려 생각해 보거나 스스로 도표를 만들어 해결하는 폭넓은 사고력과 창의성이 필요합니다.

답을 구하고 바로 해답지를 펼칠 것이 아니라 '다른 방법은 또 없을까?' 한 번 더 생각하는 습관을 들여야 합니다. 그리고 내 풀이 과정과 해답지, 친구의 풀이 과정을 비교하며 더 효과적인 방법을 찾는 훈련도 필요합니다.

그리고 수학에서 정답이 하나라는 고정 관념을 버려야 합니다.

'스케이트와 바퀴를 합쳐 인라인 스케이트를 만들어낸 것처럼 전혀 관계없는 두 물건을 합쳐 창의적인 물건을 만들어보라'는 문제처럼 정답이 정해져 있지 않으면서 창의적인 답을 요구하는 문제들에 익숙해져야 합니다.

창의사고력 키우기

과학고와 민사고의 수학 문제는 학교나 학원에서 배우는 기본적인 문제 유형과는 많이 다릅니다.

수리적인 측면에 창의적인 사고력을 더해야 풀 수 있도록 되어 있는데, 이런 유형의 수학을 '창의사고력 수학'이라고 합니다.

이런 문제가 어렵게 느껴지는 이유는 낯설기 때문입니다. 아무리 수준이 높은 특목고라고 해도 풀 수 없는 문제를 내지는 않습니다. 그러므로 다양한 유형의 문제들을 끊임없이 풀어 보고 낯선 문제 유형에 적응하는 것이 중요합니다.

다음은 로스쿨 입시인 법학적성시험(LEET) 문제 중 하나입니다.

어느 모임에서 지갑 도난 사건이 있었다. 여러 가지 증거를 근거로 혐의자는 A, B, C, D, E로 좁혀졌다. A, B, C, D, E 중 한 명이 범인인데 그들의 진술은 다음과 같다.

A: 나는 훔치지 않았다. C도 훔치지 않았다. D가 훔쳤다.
B: 나는 훔치지 않았다. D도 훔치지 않았다. E가 진짜 범인을 알고 있다.
C: 나는 훔치지 않았다. E는 내가 모르는 사람이다. D가 훔쳤다.
D: 나는 훔치지 않았다. E가 훔쳤다. A가 내가 훔쳤다고 말한 것은 거짓말이다.
E: 나는 훔치지 않았다. B가 훔쳤다. C와 나는 오랜 친구이다.

각각의 혐의자들이 말한 세 가지 진술 중 두 가지는 참이지만 한 가지는 거짓인 것으로 밝혀졌다. 지갑을 훔친 사람은 누구인가?

위의 문제는 수학에서 다루는 대표적인 추론 문제입니다. 이런 식의 문제는 영재교육원 대상자 선발 시험은 물론 대입 수능, 로스쿨 입학을 위한 법학적성시험의 주요 출제 유형입니다.

수학에서뿐만 아니라 과학과 경제 등 많은 문제들을 창의적으로 해결해야 합니다.

다양하고 새로운 방법으로 문제를 해결할 수 있는 경쟁력을 가지기 위해 수학에서는 더더욱 창의력이 강조되고 있습니다. 학년이 올라갈수록 위와 같은 문제를 더 많이 접하게 될 것입니다.

위와 같은 문제를 풀기 위해서는 다양한 독서를 통해 지식을 쌓고 실생활에서 벌어지는 다양한 현상들을 수학과 결합해 생각하는 훈련을 해야 합니다. 문제를 푸는 능력을 기르기 위해서는 주어진 상황을 수학적으로 해석할 수 있는 능력이 필요하기 때문입니다.

수학적 해석을 위해서는 학교에서 배우는 원리와 개념들을 정확히 익혀두어야 합니다. 실수하지 않기 위해서는 교과서에 나오는 개념들이 어떠한 가정과 상황에서 정의되는지 명확히 알아야 하죠.

또한 교과서를 확실하게 공부한 후에 창의적 감각을 기를 수 있는 다양한 문제를 자주 접해야 문제 해결력을 키울 수 있습니다.

수학은 답만 맞히는 과목이 아닙니다. 자신이 생각한 답이 어떤 과정을 통해 나왔는지 정확하고 논리적으로 서술할 수 있어야 진짜 수학 실력이 됩니다.

논리적 추론 과정을 거쳐 자신의 생각이 옳다는 것을 증명해야 합니다. 그런데 많은 학생들이 자신의 생각을 논리적으로 서술하는 능력이 부족합니다.

이를 보완하기 위해 자신의 풀이를 상대에게 납득시킨다는 생각으로 문제 해결 과정을 상세하고도 구체적으로 표현하는 연습이 필요합니다.

　이런 능력을 기르기 위해서는 꾸준한 독서와 글쓰기 훈련을 통해 표현력을 기르는 수밖에 없습니다. 늘 의문을 가지고 주변에서 벌어지는 여러 현상들을 수학과 연관시켜 생각해 보며 자신의 논리를 가다듬는 자세가 필요합니다.

놀이와 수학

　수학 학습은 몇 년 안에 끝나는 단거리 경주가 아닙니다. 따라서 지구력이 필요합니다.

　우리의 일상생활에 수학이 얼마나 가까이 있는지 경험하고 관심과 흥미를 가지면 지구력을 키울 수 있습니다.

　지금 당장은 수학 성적이 나쁘지 않더라도 수학적 사고력이나 창의력이 부족하면 앞으로는 수학 실력을 장담할 수 없게 됩니다.

　문제 풀이만 하는 수학 공부는 사고력, 창의력을 떨어뜨리고 수학에 흥미를 잃게 만듭니다. 따라서 수학을 재미있게 공부하기 위해서는 게임이나 수학 교구를 이용해 놀면서 자연스럽게 창의사고력을 키워나가는 것이 좋습니다.

빙고게임 빙고게임은 누구나 쉽게 할 수 있는 장점이 있습니다. 우선 가로 세로 6칸의 표를 그립니다. 그리고 첫 번째 칸에는 + 연산 기호를 넣고, 나머지 가로 세로 모두 10개의 칸에 0부터 9까지의 숫자를 마음대로 써 넣습니다.

+	2	5	1	8	6
0					
3					
9					
7					
4					

이제 번갈아가면서 빈 칸에 들어갈 수 있는 수를 부릅니다. 예를 들어 10이라고 하면 답이 10이 되는 칸에 숫자를 써 넣는 것입니다.

+	2	5	1	8	6
0					
3					
9			10		
7					
4					10

서로 번갈아가면서 숫자를 부르되, 자신에게 유리한 숫자를 부르는 것이 좋겠죠. 또 아예 표를 만들 때 합계가 한 줄 또는 대각선에 많이 나오도록 만드는 것이 좋습니다.

이 표의 경우는 10이 대각선으로 2개 있으므로 나머지 3칸만 더 채우면 되겠죠. 유리한 수는 2, 8, 15입니다.

+	2	5	1	8	6
0	2			8	
3		8			
9			10		
7				15	
4					10

대각선으로 숫자가 채워졌으므로 빙고!

이렇게 서로 번갈아가며 숫자를 불러 가로, 세로, 대각선으로 일렬이 되면 빙고를 외치고 이기는 게임입니다.

먼저 빙고를 외치려면 작전을 잘 짜야 하고 상대의 생각도 관찰해야 합니다. 그러다 보니 논리적 사고력을 자연스럽게 키울 수 있습니다.

이러한 방법 외에도 한 단계 업그레이드되어 입체적으로 빙고게임을 할 수 있는 교구도 있습니다.(http://www.weizmann gift.co.kr)

가로 세로 4칸씩 되어 있는 빙고판에 네 개의 판을 올려놓아 모두 64개의 공을 놓을 수 있습니다. 가로나 세로, 대각선 가운데 4개의 공을 한 줄로 만들어 빙고를 외치는 사람이 이기는 게임으로, 공간 지각력과 분석력까지 기를 수 있습니다.

퍼즐놀이 퍼즐놀이는 즐겁게 놀면서 창의력과 집중력을 키울 수 있는 놀이입니다. 무엇보다 도형을 어려워하는 아이들에게 매우 효과적입니다.

　누가 더 빨리 퍼즐 조각을 맞추는지 대결을 펼칠 수 있고, 아이들끼리는 도형 추론 능력을 겨룰 수도 있습니다.

　다양한 모양의 퍼즐을 활용해 도형의 모양을 떠올리며 퍼즐 조각을 맞추는 활동은 점대칭, 선대칭 등 도형의 특성을 이해하고 조합 능력과 탐구 능력을 발달시켜 줍니다.

　짧은 시간 안에 퍼즐 조각들을 조합하는 과정을 통해 문제 해결력과 창의적 사고력을 키울 수 있으며, 끈기와 집중력도 향상시킬 수 있습니다.

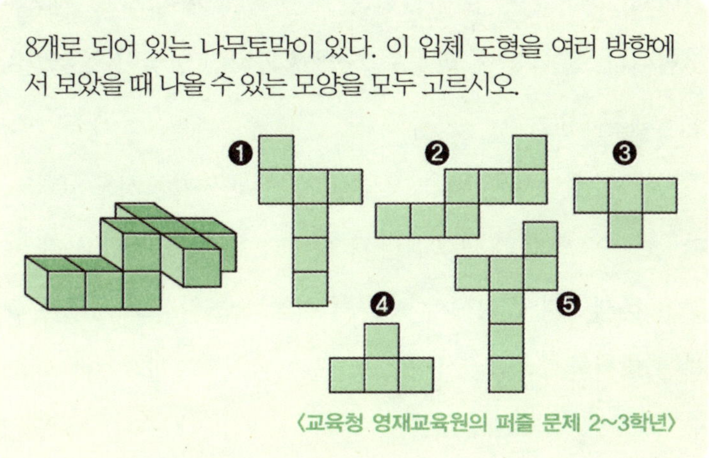

〈교육청 영재교육원의 퍼즐 문제 2~3학년〉

수학 탐구 보고서 쓰기

서술형, 문장형 문제에 대비하기 위한 첫 번째 단계는 수업 시간에 배운 내용을 완벽하게 이해하는 것입니다.

그리고 기호나 수식 같은 수학적 언어로 자신의 생각을 표현하는 연습을 꾸준히 해야 합니다. 그러기 위해서는 정리를 해 두는 것이 좋습니다.

수학 탐구 보고서는 한 단원이 끝날 때마다 작성합니다. 그 동안 무엇을 어떻게 배웠고, 그 전에 배운 내용과 어떤 관련이 있으며, 가장 어려웠던 문제 등을 구체적으로 써 보는 것입니다. 문제 풀이 과정도 가장 효과적인 방법이 무엇인지 정리해 둡니다.

이렇게 정리한 것들을 오답노트로 활용하는 것도 좋습니다. 수학은 반성의 과목이라고 합니다. 문제를 틀렸을 때 무엇이 문제인지 반성해야 자신의 허점을 보완하고 새로운 문제에 도전할 수 있는 실력을 쌓을 수 있기 때문입니다.

과학영재학교와 과학고 수학

한국과학영재학교 입시는 일반 전형과 입학사정관 전형으로 나뉩니다.

일반 전형은 1단계 서류전형, 2단계 창의적 문제 해결력 검사, 3단계 과학 캠프 등 다단계 심사를 통해 선발합니다.

2단계 창의적 문제 해결력 검사는 선행학습이나 경시대회 수준의 공부가 필요한 것은 아닙니다. 창의적으로 해결하는 문제가 출제되기 때문입니다.

서술형 문제를 얼마나 창의적으로 풀어나갔는지를 평가합니다. 그러므로 정답뿐만 아니라 문제 풀이 과정도 중요합니다. 푸는 방법 또한 일반적인 방법보다는 자신만의 특별한 방법을 동원해야 좋은 점수를 받을 수 있습니다.

따라서 평소에 자신만의 풀이 방법을 찾아내어 논리적으로 풀어가는 훈련을 해야 합니다.

지금까지 과학고 입시에서는 각종 경시대회와 수학, 과학 올림피아드, 영재교육원 수료 경력이 중요하게 작용했습니다. 그러나 2011학년도부터는 입시 제도가 바뀌어 경시대회 특별 전형이 없어집니다. 대신 입학사정관, 과학 창의성 전형으로 선발합니다.

그래도 과학고를 희망한다면 수학 공부가 매우 중요합니다. 과학 분야의 특성상 무엇보다 탄탄한 수학 실력이 필요하기 때문입니다. 입학 후 수준 높은 학교 수업을 따라가기 위해서라도 과학고 지망생들은 수학 공부에 많은 투자를 해야 합니다.

자사고 수학

민사고의 경우 반드시 민사수경(민사고 수학경시) 성적표를 제출해야 하는 것은 아니지만 비교 가능한 성적을 선호하므로 가급적이면 민사수경에 참가하는 것이 좋습니다.

민사수경은 중학교 졸업자 또는 졸업 예정자만 볼 수 있습니다. 하지만 보통 민사고 입시 준비는 초등학교 4학년부터 시작한다고 합니다.

수학과 과학이 본격적으로 어려워지는 시기이기도 하고, 이 때 공부에 대한 습관을 기르는 것이 중요하다고 합니다. 그래도 여유가 있는 이 때 각종 경시대회에 참가하고, 준비 과정을 통해 자신감과 성취감을 맛보는 것이 좋습니다.

외고 수학

2010학년도부터 외고 입시 전형에 수학 과목은 없습니다. 지필형 구술면접이 없어졌기 때문에 얼핏 보면 외고를 가고자 하는 학생은 수학 공부를 전혀 하지 않아도 될 듯합니다.

하지만 외고 입시에서 내신 성적은 큰 부분을 차지합니다. 대원외고의 경우 내신 성적이 250점, 영어 듣기가 90점 그리고 구술면접이 60점이므로 중학교 내신을 무시할 수 없습니다.

또 내신 반영 때 수학, 과학에 주는 가중치를 축소하도록 할 방침이라 수학은 공부하지 않아도 될 듯하지만, 입학 후 수학을 따라가지 못해 고생하는 경우가 많고, 해외 대학에

진학할 때도 수학적인 지식을 요구하는 시험이 많아 어느 정
도 수학적 재능도 필요합니다. 따라서 수학을 쉽게 생각해서
는 안 됩니다.

영어의 기본은 단어

영어는 예습보다 복습이 더 중요한 과목입니다. 반복 학습이 무엇보다 중요한 과목이죠.

외국에서 오래 살다 온 사람도 한국에서 몇 년 생활하다 보면 영어가 어색해지기 시작합니다. 어학 연수를 다녀왔어도 영어 공부를 게을리하면 애써 공부한 영어 실력이 뚝뚝 떨어지기 마련입니다.

따라서 외국에서 살다 왔거나 어학 연수를 다녀온 사람보다는 매일 꾸준히 열심히 한 사람의 영어 실력이 더 좋을 수 있습니다.

영어의 기본은 단어입니다. 단어를 모르고서는 영어 공부를 할 수 없습니다. 단어 공부는 영어를 정복하기 위한 첫 번째 과정입니다.

이왕 공부해야 한다면 좀더 효율적으로 단어를 외울 수 있는 방법을 찾아보세요. 영어를 웬만큼 한다는 사람들은 영어 단어를 외울 때 문장을 통째로 외워 버립니다. 그리고 어원을 생각해 가며 단어를 암기하죠.

예를 들어 airport는 공항이라는 뜻입니다. air에는 공기, 하늘이라는 뜻이 있고 port는 항구, 피난처라는 뜻이죠.

단순히 단어만 외울 것이 아니라 The airport is right up ahead.(조금만 더 가면 공항이 나옵니다.)라는 문장을 한꺼번에 외우면 생활에서 활용할 수 있는 문장까지 덤으로 익히게 됩니다.

그리고 사전을 찾아보면 air라는 단어 뒤에 꽤 많은 단어들이 붙어 있는 것을 볼 수 있습니다.

air bag　(자동차의)공기 주머니

air cleaner　공기 청정기

air con　에어컨(air conditioner의 준말)

by air　비행기로

이렇게 단어 하나를 외우더라도 효과적으로 많은 정보를 얻는 것이 중요합니다. 달랑 'airport 공항' 하나만 외우는 것은 너무 비효율적인 방법입니다.

그리고 영어로 된 책을 읽을 때에는 모르는 단어가 나와도 먼저 사전을 찾아보지 않습니다. 문맥을 통해 뜻을 유추하는 습관을 가져야 나중에 영어 시험에서도 당황하지 않게 됩니다.

단어 공부는 너무 조급해하지 말고 꾸준히 하는 것이 중요합니다. 아무리 영어 박사라고 해도 단어 공부를 게을리하지 않습니다.

재미있게 단어 외우기

아무리 머리가 좋아도 한 번 듣고 기억하기란 쉽지 않습니다. 단어는 특히 더 그렇습니다. 그렇다고 방법이 전혀 없는 것은 아닙니다. 잊기 전에 다시 외우는 것, 바로 반복 학습입니다. 그리고 그 반복 학습을 재미있는 놀이로 하면 쉽게 잊어 버리지 않습니다.

예를 들어 퍼즐놀이를 하면서 외운 단어를 다시 한 번 공부하는 겁니다.

Across

1. Glad to meet _________. (너, 당신)

3. Nice _________ meet you.

4. 안녕하세요. 여보세요. (=hi)

7. Glad to see you. Glad to you. (만나서 반갑습니다)

8. I am, You are, My name _________ In-ho. (-이다)

11. My _________ is Su-ji.

12. I _________ Eun-jung. (나는 은정입니다, 이다)

13. Listen _________ speak. (그리고)

Down

2. 하나

3. Glad to meet you, _________ . (또한)

5. _________ and speak. (듣고 말하시오)

6. 안녕. (만날 때 인사말 = hello)

7. _________ name is In-su. (내 이름은 인수입니다.)

9. 말하다.

10. 읽다.

또다른 단어퍼즐놀이도 있습니다. 네모 안에 든 스펠링을 보고 가로 세로 또는 대각선으로 단어를 찾는 게임입니다. 친구들과 단어를 누가 더 빨리 많이 찾나 내기를 하는 것도 재미있을 거예요.

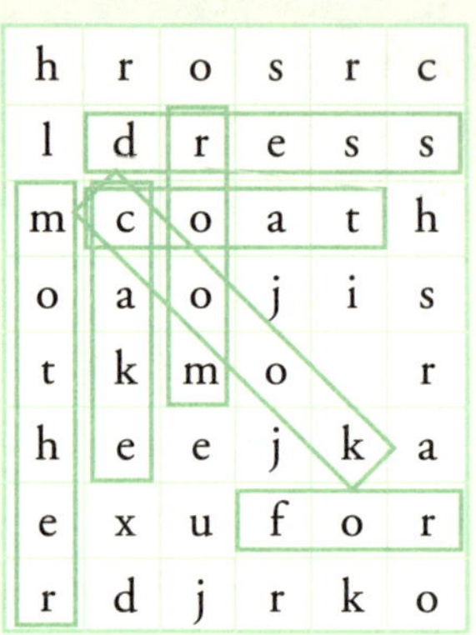

dress, room, cook, coat, cake, mother, for

외고 입시의 핵심, 영어 듣기

현재 중학교 2학년이 치르는 2011학년도부터 외고 일반 전형은 내신, 영어 듣기, 구술면접 등으로, 특별 전형은 내신과 외국어 우수자로 선발합니다.

6개 외고가 참여하여 공동 출제하기 때문에 난이도가 쉬

워질 거라고는 하지만 한편에서는 오히려 더 어려워지지 않을까 걱정하기도 합니다. 아무래도 입학 시험에 사실상 영어 듣기만 있게 되는 셈이니까요.

듣기를 잘하기 위한 특별한 방법은 없습니다. 매일 영어 듣기 공부를 하면서 발음과 회화적 표현 그리고 문제 유형들에 익숙해지는 수밖에 없습니다.

우선 듣기를 잘하려면 많은 어휘를 알아야 합니다. 그리고 그 어휘를 의미 덩어리로 들을 줄 알아야 합니다.

단어 하나하나의 뜻만 안다고 듣기 실력이 느는 건 아닙니다. 영어의 발음과 리듬감을 알아야 하고, 그 리듬에 맞춰 하나의 의미를 이루는 문장이 통째로 귀에 들어와야 합니다.

듣기 연습을 할 때 어떤 학습 교재를 활용하든 처음 들을 때는 중간에 모르는 단어나 표현이 나오더라도 끊지 말고 끝까지 들어야 합니다. 그렇게 끝까지 다 들은 다음 문제를 풀어야 앞뒤 문맥을 통해 의미를 짐작해서 문제를 풀 수 있습니다.

처음부터 문장 전체를 다 들으려고 하지 마세요. 단어 하나, 그 다음은 구, 그 다음은 절 등으로 점점 범위를 넓혀 가면서 문장 단위로 이해하도록 합니다.

이렇게 해서 언제 듣기 실력을 늘리나 하겠지만, 욕심을 부리면 그만큼 빨리 싫증이 나게 됩니다. 빨리 잘하고 싶은 마음은 이해하지만 공부는 한 단계 한 단계 과정을 밟아나가는 것이 중요합니다.

특히 영어는 중학교, 고등학교, 대학교는 물론 어른이 되어서도 공부해야 하고, 실력이 뛰어나면 뛰어난 만큼 특별 대우를 받을 수 있습니다.

지금 너무 서둘다가 영어에 질리기보다는 차근차근 실력을 쌓아가도록 합니다. 그래야 중학교에 가면 다른 친구들보다 더 빠르고 쉽게 영어를 이해하고 공부할 수 있게 됩니다.

어느 정도 실력이 나아졌다 싶으면 지문의 길이를 늘려 보세요. 듣기 평가에서 필요한 것은 지문의 내용을 제대로 파악하고 논리적으로 정답을 추출해낼 줄 알아야 하는 것입니다. 따라서 들으면서 바로 전체 문맥을 파악하고 이해할 수 있도록, 긴 지문을 처음부터 끝까지 집중해서 듣는 습관을 길러야 합니다.

듣기 실력을 키우는 받아쓰기

듣기 실력 향상을 위한 가장 좋은 방법은 받아쓰기입니다. 그냥 흘려들을 수 있는 구절도 받아쓰기 위해서는 온 신경을 집중해서 들어야 하므로 듣기 실력 향상에는 그만입니다.

받아쓰기의 또다른 장점은 받아쓴 결과를 보고 자신이 무엇을 놓쳤는지 정확하게 확인할 수 있다는 점입니다.

영어 실력이 아무리 뛰어나도 조동사라든가 관사, 전치사까지 빠짐없이 듣기란 어렵습니다. 손이 미처 따라가지 못해서 들은 내용을 모두 받아적지 못하는 경우가 대부분입니다.

그래도 받아쓰기 훈련을 하다 보면 단어 하나하나도 놓치지 않고 꼼꼼하게 듣는 연습을 하게 됩니다. 그리고 문장 내에서 조동사, 관사, 전치사 등이 실제로 발음되는 패턴을 익히고 기억할 수 있게 됩니다.

처음부터 모든 문장을 받아쓰겠다는 욕심은 버리고, 빈 칸

을 채우는 정도로 연습하다가 문장을 통째로 받아쓰는 수준
까지 올라가야 합니다.

말하는 속도를 따라가기 어려우면 문장 단위로 끊어서 들
어도 좋습니다. 정확하게 알아들은 내용을 충실히 받아적고,
미처 못 들은 부분은 빈 칸으로 남깁니다. 그리고 서너 번 반
복해 들으면서 빈 칸을 채워나가는 것입니다.

파닉스

파닉스는 알파벳 각 글자가 내는 발음 규칙을 말합니다.
한글에 자음과 모음이 있듯이 영어에도 자음과 모음이 있습
니다.

자음의 경우 b는 '브'로, c는 '스'나 '크'로 소리납니다.
모음의 경우 a는 '애', i는 '이', u는 '어', o는 '아', e는 '에'
이런 식으로요.

이렇게 자음과 모음이 합쳐져서 하나의 단어가 만들어지
는 것입니다. 예를 들면 pin의 경우 p은 ㅍ, i는 ㅣ 그리고 n

은 ㄴ으로 소리납니다. 따라서 pin은 '핀'으로 발음하는 거죠.

물론 영어의 모음에는 단모음과 장모음이 있고, 영어의 자음도 상황에 따라 두세 가지로 발음되기도 합니다.

파닉스가 필요한 것은 이것을 잘해야 제대로 듣고 발음하고 쓸 수 있기 때문입니다. 영어식 발음과 철자법에 익숙해지기 위한 기초 공사라고 할 수 있습니다.

파닉스 학습을 하면 단어도 쉽게 외우고 발음도 좋아집니다. 실제로 미국 아이들이 글자를 깨우치는 과정과 비슷합니다.

파닉스를 하면서 쉬운 동화책을 읽어 보세요. 특히 초등학교 4학년 때부터는 읽기가 중요해집니다. 우리가 일상생활에서 듣는 단어들은 한정되어 있기 때문에 더 많은 단어와 문장을 접하려면 책을 읽는 방법밖에 없습니다. 매일 1~2시간씩 동화책을 읽고 그 가운데 30분 정도는 테이프나 CD를 듣습니다.

영어는 단계를 건너뛰고 나갈 수 없습니다. 반드시 모든 단계를 차근차근 거쳐야 합니다. 그러니 일부러 어려운 영어 책을 읽을 필요는 없습니다.

논리력을 키우는 영어 읽기

영어 동화책 이외에 영어 신문 읽기가 영어 교육의 핵심으로 떠오르고 있습니다.

중학교 1학년 때 토익 만점을 받고 미국 대학 입학시험인 ACT에서 만점을 받은 한 선배도 영어 실력 쌓기의 비결은 영자 신문 읽기에 있다고 했습니다.

영자 신문이 영어 실력 향상에 도움이 되는 가장 큰 이유는 보통 생활에서 흔히 사용하는 생생한 표현들이 실려 있기 때문입니다. 따라서 학교나 학원에서 배울 때보다 더욱 살아 있는 영어 표현을 배울 수 있습니다.

또한 신문에는 학습지나 참고서와 달리 매일 새로운 정보가 소개되기 때문에 시사상식도 덤으로 얻을 수 있습니다.

외고 특별 전형의 에세이 쓰기에서는 논리력과 시사상식

이 점점 더 요구되고 있습니다. 그러니 영자 신문을 꾸준히 읽으면 영어 실력뿐만 아니라 논리력과 시사상식도 넓힐 수 있는 장점이 있습니다.

하지만 아무리 실력이 좋아도 초등학생이 읽기에 영자 신문은 아직 수준이 높습니다. 청소년 영자 신문인 〈영타임스 young times(www.youngtimes.co.kr)〉 정도면 적당할 거예요.

영자 신문 쉽게 읽기

본격적으로 영자 신문을 이용해 영어 공부를 하는 시기는 대략 초등학교 5~6학년부터가 적당합니다. 두꺼운 영어 교과서나 동화책 읽기가 힘겹다면 기사 한 꼭지 분량이 적힌 영자 신문을 활용하는 것이 더 효과적입니다.

신문을 읽을 때 전체 기사 내용을 이해하기보다는 핵심 문장을 찾는 연습을 하세요. 이런 연습은 토익이나 토플 등 문장이 긴 경우에도 핵심을 파악해서 문제를 푸는 데 도움이 될 것입니다.

처음부터 모든 기사를 꼼꼼히 읽을 필요는 없습니다. 흔히 1면에서 마지막 면까지 모두 읽겠다고 마음먹는데 그러면 얼마 지나지 않아 싫증을 느끼게 됩니다.

처음에는 가볍게 사진 설명부터 읽도록 하세요. 간단한 문장으로 사진의 내용을 구체적으로 묘사하기 때문에 길이는 짧아도 문장의 기본적인 틀은 제대로 갖추고 있습니다.

주어와 동사가 정확히 제시되고 형용사나 부사 등 수식하는 단어도 적절히 들어 있습니다. 또 설명 중 모르는 단어가 있어도 사진을 보면 뜻을 유추할 수 있기 때문에 사고력을 높일 수도 있습니다.

이런 식으로 사진 설명을 읽게 되면 영어 신문에 나오는 사진 설명은 어느 정도 이해할 수 있는 감을 익히게 됩니다.

사진 설명 읽기를 한 후에는 기사의 제목만 골라 읽으면서 내용을 유추하는 훈련을 하도록 합니다.

제목만 읽으면서 전체 기사의 내용을 상상해 보고, 관심이 가는 기사는 읽어본 뒤 제목만으로 유추한 내용과 얼마나 비슷한지 비교해 봅니다.

영자 신문을 읽을 때는 중간에 모르는 단어가 나와도 일단 끝까지 읽는 것이 중요합니다. 독해를 멈추고 일일이 사전을 찾으면 안 됩니다. 독해는 전체적인 내용을 파악하는 것이 가장 중요하기 때문에 사전을 찾느라 맥을 끊는 것은 좋지 않습니다.

미국 명문대를 목표로 한다면 영어 에세이

외고 입시에는 일반 전형과 특별 전형이 있습니다. 특별 전형은 외국어나 영어 능력 우수자들이 보는 시험입니다. 내신과 영어 듣기를 보고 구술면접 대신 영어 또는 외국어 에세이를 써야 합니다.

에세이 쓰기는 듣기만으로는 영어 실력을 평가하기 어렵기 때문에 실시하는 것입니다. 영어 표현 능력, 문법, 단어, 문장력, 사고력 등의 평가가 주목적입니다. 여러 주제에 대해 듣고 자신의 생각을 정확하게 표현할 줄 아는가를 가늠하기 위한 것으로, 기본적인 상식을 영어에 맞게 표현할 수 있느냐를 평가합니다.

예를 들어 '글로벌 리더가 되기 위해서 당신이 갖춰야 할 소양은 무엇인가?' 라는 식의 문제가 출제됩니다.

만약 미국 명문대를 목표로 하고 있다면 영어 에세이는 필수입니다. 합격, 불합격을 좌우하는 것이 에세이이기 때문입니다.

미국 명문대에 지원하는 학생들은 대학입학 자격시험인 SAT 시험에서 대부분 만점에 가까운 점수를 받기 때문에 에세이에서 당락이 결정되는 경우가 많습니다.

에세이에는 글쓴이의 생각이 잘 나타나기 때문에 그 학생이 학교가 원하는 인재인지 판단할 수 있는 좋은 자료가 됩니다.

좋은 에세이를 쓰기 위해서는 우선 문장을 쓸 수 있는 기본적인 문법 능력을 갖춰야 합니다. 그 다음에 어떤 주제로 글을 쓸 것인지 선택하고 그에 대한 자신의 생각을 써 보는 것이 좋습니다.

복잡하고 어려운 문장이 아닌 쉽고 명확하게 자신의 의사를 전달할 수 있는 문장 구조여야 합니다. 같은 표현을 반복하는 것은 바람직하지 않습니다.

따라서 평소에 잘 쓰지 않는 다양한 어휘와 여러 종류의 문장을 써 보는 연습이 필요합니다. 그리고 단순히 뛰어난 문장 구성력뿐만 아니라, 전체적인 내용 구성을 잘해야 합니다.

영어 에세이 역시 국어의 논술처럼 쓰고 고쳐 쓰는 연습을 반복하면 분명히 자기만의 색깔이 있는 에세이를 완성할 수 있을 것입니다.

외고 영어

외고에서는 꽤 높은 수준의 영어 실력을 가진 학생들을 원합니다.

따라서 외고를 희망하는 학생들은 영어의 다양한 부문에서 고른 실력을 갖추고 있어야 합니다. 말하기, 듣기, 쓰기, 읽기 어느 것 하나도 소홀히할 수 없습니다.

초등학교 저학년일 때는 영어 동화책이나 영어 비디오 등을 매일 꾸준히 접해서 영어에 대한 감을 익히도록 합니다.

초등학교 4학년 이후에는 해외 연수나 국내 어학 연수 체험이 본격화되는 시기입니다. 어학 연수에 참석하면 목표 의식이 생기기 때문에 영어 학습 효과가 높아집니다. 대학 부설 기관의 어학 연수나 영어 학원의 방학 집중 코스에 참여하는 것이 좋습니다.

그리고 초등학교 4학년 이후부터는 각종 영어경시대회에 참여합니다. 대원외고가 주최하는 국제영어경시대회인 IET, 한국외국어대학교 주최의 FLEX 등에 참여해 경험을 쌓도록 합니다.

초등학교 6학년 겨울방학에는 학원이나 그룹 등을 통해 문법을 확실히 마스터하도록 합니다. 말하기, 듣기 실력이 갖춰졌다고 해도 문법 정리가 안 되어 있으면 읽기와 쓰기 영역에 한계가 생깁니다. 저학년 때부터 영어 공부를 충실히 해 왔다면 문법을 조금만 공부해도 실력이 쑥쑥 늘 수 있습니다.

과학고 영어

과학고를 목표로 하는 학생들 중에는 영어를 소홀히 생각하는 학생들이 많습니다. 하지만 아무리 영어 시험을 따로 보지 않는다고 해도 대부분 경쟁자들은 일정 수준의 영어 실력을 갖추고 있다고 봐야 합니다. 그리고 내신 때문에라도 영어 공부를 소홀히해서는 안 됩니다.

무엇보다 합격한 후에도 과학고에서는 원서로 된 교과서로 공부하는 경우가 많습니다. 그러므로 영어 실력이 부족하면 교과서조차 읽지 못하는 경우가 생깁니다.

내신 성적 관리와 원서 읽기를 위해서라도 과학고 지망생들은 단어와 독해 위주의 영어 공부를 하는 것이 좋습니다.

민사고 영어

민사고는 TEPS, TESL, TOSEL, TOEFL 가운데 한 종류의 성적표 사본을 제출해야 합니다. 중학교 2, 3학년 때 본격적으로 토플 준비를 한다 하더라도 초등학교 때부터 기초를 닦아온 학생이 유리합니다.

초등 저학년 때부터 다양한 독서 습관을 갖춰 사고력과 비판력을 키우고, 그런 토대 위에서 중학교에 들어가 본격적인 준비를 해야 합니다.

그리고 중학교 때는 내신이 중요하므로 상위 5% 이내의 내신 성적을 유지하려면 영어 공부를 소홀히해서는 안 됩니다.

토플 시험은 중학교 1학년 때부터 준비해야 고득점을 얻을 수 있습니다. 그러므로 초등학교 때 기초 실력을 완벽하게 닦아놓는 것이 좋습니다. 토플은 기본적으로 대학에서 전문적 학과 강의를 들을 수 있을 정도의 영어 수준을 평가하기 때문에 굉장히 높은 수준의 문제가 출제됩니다.

주요 외고 특별전형 영어에세이 기출문제

대원외고 2004
세계 어디에서든지 당당한 한국인으로 살아가기 위해서 가장 필요한 것은 무엇이며, 그 이유는 무엇인지 서술해 보시오.

Q Have you ever walked through the aisles of a warehouse store like Costco or E-Mart and wondered who would buy super-huge jar of hotpepper sauce (kochu-jang, 고추장), a foot and a half tall? We've bought it, but it didn't stop us from wondering about the things, like absurd eating contests, impulse buys, excess, unimagined uses for kochu-jang, storage, preservatives, notions of bigness... and dozens of other ideas both silly and serious.

Write an essay somehow inspired by super-huge jar of kochu-jang.

위의 문장을 해석하면 다음과 같습니다. 문장이나 문제가 어려울 수 있지만 이 정도 수준의 문제가 나온다고 생각하면 됩니다.

코스트코나 이마트 같은 창고형 매장의 통로를 걷다가 도대체 누가 높이 45cm나 되는 큰 용기에 든 고추장을 사 갈까 하는 의심을 가져본 적이 있습니까? 우리는 그 고추장을 사면서도 어리석은 먹기 대회나 충동구매, 폭식, 생각지도 못한 고추장의 쓰임새, 저장법, 방부제, 대용량에 대한 개념 등 수많은 바보 같으면서도 진지한 여러 가지 견해에 계속 궁금증을 갖게 됩니다.

큰 용기에 든 고추장을 보고 든 생각에 대한 에세이를 작성하세요.

특목고 대비 과목별 공부 방법 국어

외고에서 더욱 중요한 국어

미국의 '존슨 오코너' 라는 박사는 '미국인들의 사회적 지위의 높고 낮음과 수입의 많고 적음 그리고 학교 성적의 높고 낮음과 영어 실력은 정비례한다' 고 하였습니다.

이 말은 사회적 지위가 높을수록 높은 수입을 올리고, 모국어를 잘할수록 학교 성적이 좋다는 말입니다.

이처럼 언어와 지적 능력이 직접적으로 연결되기 때문에 국어는 절대로 무시할 수 없는 과목입니다.

한때 외고에서 영어 시험만으로 신입생을 뽑은 적이 있습니다. 하지만 지금은 외고들이 앞다투어 국어 능력을 검증하고 있습니다.

그 이유는 국어 능력이 우수한 아이들이 종합적인 학업 성취도도 뛰어나기 때문입니다.

더군다나 언어는 인격입니다. 국어 실력이 떨어지면 다른 과목에도 영향을 주고 인격마저 바뀌고 맙니다.

좋은 옷을 입으면 행동이 조심스러워지지만 지저분한 옷을 입으면 거리낌이 없어집니다. 아무 데나 앉고 먹을 때 음식물을 흘려도 별로 신경쓰지 않습니다. 언어도 마찬가지입니다. 바른말을 사용하면 생각도 올곧습니다.

그런데 요즘 들어 인터넷 문화가 발달하면서 잘못된 언어 습관이 문제가 되고 있습니다. 제멋대로 줄여서 쓰거나 변형된 언어, 은어나 비속어는 글쓰기에 전혀 도움이 되지 않을 뿐만 아니라 오히려 해가 됩니다.

그리고 국어를 잘하는 아이는 사고력이 뛰어납니다. 내용을 이해하는 능력이 뛰어나며 그 지식을 자기 것으로 재해석해 쓰고 발표하는 능력도 뛰어납니다.

하지만 우리는 국어의 중요성을 잘 모르는 것 같습니다. 그저 책만 많이 읽으면 된다는 식으로 국어 공부를 대신하고 있습니다.

하지만 학년이 올라갈수록 어휘도 어려워지고 글의 종류도 다양해집니다. 다양한 장르의 글을 읽고 이해하고 핵심을 파악할 줄 알아야 합니다. 또한 그것을 바탕으로 자신의 생각을 글로 쓰는 훈련도 해야 합니다.

외국어처럼 공부하기

국어를 소홀히하는 주된 이유는 모국어이기 때문입니다. 다 아는 것 같고 모르는 단어가 나와도 대충 앞뒤 문맥을 통해 이해하고 넘어갈 수 있습니다.

영어의 경우는 어떤가요? 매일 수십 개의 단어를 외우고 테이프를 듣고 글을 써 가면서 공부합니다.

언어는 그렇게 정성을 들여 공부해야 합니다. 모국어인 국어 역시 마찬가지입니다.

　우선 영어 단어장처럼 국어 단어장을 만듭니다. 모르는 단어가 나오면 문맥을 통해 단어의 뜻을 유추해 보고, 그러고 나서 사전을 찾아 정확한 뜻을 파악합니다. 이 때 단어는 굳이 영어 단어처럼 여러 번 반복하지 않아도 됩니다.

　그리고 문법 공부도 해야 합니다. 올바른 표현, 맞춤법, 띄어쓰기 등을 익히려면 국어 문법도 공부해 두는 것이 좋습니다.

　실제로 우리는 일상생활에서 잘못된 표현이나 문법을 사용하고 있습니다. 그래도 뜻은 통하기 때문에 잘 못 느끼고 있을 뿐입니다.

　하지만 그런 습관 하나하나가 글을 쓰거나 말을 할 때 무심결에 드러나게 됩니다.

　나중에 특목고 입시가 코앞에 닥쳤을 때 바로잡기보다는 지금부터 습관을 들인다면 정확한 글쓰기와 말하기를 할 수 있을 것입니다.

제대로 책읽기

이제 교과서를 달달달 외우거나 문제만 많이 푼다고 100점 맞는 시대는 지났습니다.

국어는 사고이고 논리이며 창의력이자 표현력입니다. 각 분야의 교양 지식을 많이 확보해 놓아야만 합니다.

어렸을 때부터 책을 많이 읽어 어휘력과 사고력, 논리력,

문장력을 키우는 노력을 해야 합니다.

책은 많이 읽는 것도 중요하지만 제대로 읽는 것이 더욱 중요합니다.

느낀 점은 무엇인지, 책 속 인물 가운데 어느 캐릭터가 어떤 이유로 마음에 들고 또는 비판하고 싶은지에 대해 자신의 생각을 논리적으로 서술하는 훈련을 거듭해야 비로소 책을 읽은 효과가 나타납니다.

책을 많이 읽었는데도 문장력이나 논리력이 떨어지는 학생은 대부분 무조건 읽기에만 급급했기 때문입니다.

책을 읽고 나서 쓰는 감상문은 책의 종류에 따라 내용이 달라집니다.

동화나 소설은 등장인물을 바르게 파악해야 합니다. 이야기의 흐름은 어떠한지, 이야기 속에 나타난 주인공의 성격은 어떠한지 말이에요. 그리고 책이 나에게 어떤 감동과 깨우침을 주었는지 반드시 적도록 합니다.

위인전의 경우는 대부분 위기를 극복하고 업적을 남긴 경우가 많습니다. 주인공의 어린 시절은 어떠했고, 어떤 어려움과 고생을 참고 이겨냈는지를 파악해야 합니다. 그리고 왜 주인공이 오늘날 존경받고 있으며 그 업적이 무엇인지도 알아야 합니다.

과학책의 경우는 책을 읽고 새롭게 알게 된 사실이나 깨달은 점을 기록합니다. 그리고 과학기술의 발전이 사람들의 생활을 어떻게 변화시켰는지도 파악해야 합니다.

한자 익히기

우리말의 약 70%는 한자어입니다. 한자를 알아야 어휘력을 늘릴 수 있습니다. 교과서를 이해하기 힘든 가장 큰 이유가 바로 한자를 소홀히했기 때문입니다.

한자는 비단 국어에만 한정된 것이 아닙니다. 사회와 과학 그리고 수학 등에서도 중요합니다.

한자를 알면 용어의 뜻도 알기 쉽고 이해가 빠릅니다.

'일식' 과 '월식' 을 예로 들어보겠습니다.

일식은 달이 태양의 일부나 전부를 가리는 것이고, 월식은 지구가 달의 일부나 전부를 가리는 현상입니다. 그런데 일식과 월식의 뜻이 가끔 헷갈릴 때가 있습니다. 달이 태양을 가리는 것인지, 지구가 달을 가리는 것인지 말이죠.

이 때 한자를 살펴보세요. 食에는 '밥' 이라는 뜻 말고 '먹다' 라는 뜻도 있습니다. 따라서 일식(日食)은 태양을 먹었으니 태양의 일부가 보이지 않는 것이고, 반대로 월식(月食)은 달을 먹었으니 달의 일부가 보이지 않는 것입니다.

이렇게 한자를 알아두면 혼동되지 않고 정확하게 뜻을 기억할 수 있습니다.

중학교에 가면 특목고 준비 때문만이 아니라 국·영·수 같은 주요 과목 내신 관리 때문에 한자 공부를 따로 할 시간이 별로 없습니다.

그러므로 초등학교 때 기본 한자 실력을 키워 두어야 합니다. 특히 민사고를 목표로 하고 있다면 한자 공부를 정말 열심히 해야 합니다. 민사고의 국어능력 인증시험에는 한자의

비중이 크거든요. 한자 2급 정도는 따놓아야 큰 무리가 없습
니다.

중고등학교 교과서나 관련 도서를 읽기 위해서는 한자
1,000자 정도만 알면 됩니다. 그러므로 초등학교 졸업 때까
지 1,000자를 읽고 500자 정도는 쓸 수 있는 한자검정시험 4
급을 취득하면 좋습니다.

제44회 한자능력 검정시험 4급 기출문제

문제 1 다음 밑줄 친 漢字語의 讀音을 쓰시오.
① 그는 餘暇 시간을 활용하여 운동을 한다.
② 1차 採點에 착오가 없는지 재검을 하고 있다.
③ 그 배우는 내면 연기가 印象的이다.
④ 그의 주장은 傾聽할 가치가 충분히 있다.
⑤ 현자들은 勤儉한 생활 태도를 미덕으로 삼았다.

정답 ① 여가 ② 채점 ③ 인상적 ④ 경청 ⑤ 근검

문제 2 다음 漢字의 訓과 音을 쓰시오.
① 宣 ② 賊 ③ 判 ④ 絲 ⑤ 折

정답 ① 베풀 선 ② 도둑 적 ③ 판단할 판 ④ 실 사
⑤ 꺾을 절

통합형 논술에 대비하기

2004년 이후 학생들의 교육 방법은 전 과목에 걸쳐 통합형 논술식으로 변환되고 있습니다. 시험에서 서술형 문제가 전체 배점의 40%를 차지하고, 국제중을 비롯해 특목고에서는 이미 통합형 논술이 많은 점수를 차지하고 있습니다.

통합형 논술이란 수학, 사회, 과학 등 영역별로 분리된 문제가 아니라 서로 유기적으로 연관지어 생각해야 쓸 수 있는 논술이라는 말입니다.

통합형 논술이 주목받는 이유는, 한쪽으로만 사고를 잘하는 사람은 다른 방면의 사고를 잘 못하여 문제를 제대로 해결하지 못하기 때문입니다.

따라서 특목고를 비롯해 대학에서는 문제를 여러 시각으로 바라보고 풀 수 있는 학생들을 선발하고 있습니다.

통합교과형 논술 시대에서 가장 중요한 자세는 각 과목별로 분리된 이해가 아니라 사회와 수학, 과학과 수학 등을 서로 연계시켜 이해할 수 있는 폭넓은 지식을 쌓는 것입니다.

폭넓은 지식을 쌓기 위해서는 역시 독서가 최고입니다. 책도 여러 장르를 골고루 읽어야 하고 신문이나 잡지를 통해 많은 지식과 정보를 쌓아 두어야 합니다. 많은 정보를 가지고 있어야 어떠한 주제에도 당황하지 않고 글을 쓸 수 있습니다.

논술은 제시된 자료를 해석하고 자신의 의견을 쓰는 것입니다. 제시된 자료는 그리 어려운 것이 아닙니다. 다만 누가 제시된 자료의 내용을 잘 해석하고 이해하느냐가 관건입니다.

그러기 위해서는 풍부한 어휘력과 상식을 키워야 합니다. 자신의 생각을 자신있게 주장하기 위해서는 우선 많이 읽어야 합니다. 글재주가 없어서 논술을 못한다는 것은 말이 안 됩니다. 읽지 않으니까 아는 것이 없고, 아는 것이 없으니까 논술을 못하는 것입니다.

국어능력 인증시험

민사고가 2007학년도 전형부터 자격 요건으로 국어능력 인증시험을 내세우고 있습니다. 언어문화연구원이 주관하는 시험으로, 한국인의 종합적인 국어 사용 능력과 사고력을 평가하는 시험입니다.

시험은 읽기, 쓰기, 어휘에 관한 언어 기능 영역과 이해와 논리, 비판, 추론 등의 사고 기능 영역으로 나뉩니다.

듣기 문제와 읽기, 쓰기 문제가 있고, 200점 만점이며, 5~1급의 인정서가 발급됩니다. 민사고에 합격하려면 적어도 3급 이상을 따야 안정권입니다.

국어능력 인증시험을 또다른 준비 과목으로 인식할 것이 아니라, 평소에 하던 국어 공부에 자연스럽게 포함시키면 됩니다.

문제 1 의미가 유사한 단어끼리 짝지어지지 않은 것은?
① 잎 : 이파리
② 가지 : 줄기
③ 넝쿨 : 덩굴
④ 마디 : 옹이
⑤ 등걸 : 그루터기

정답 ④

문제 2 밑줄 친 단어의 뜻풀이가 바르지 않은 것은?
① 가랑비가 뿌리고 산바람도 불어와 귓전으로 느끼는 날씨가 한없이 <u>스산하였다</u>. → 날씨가 흐리고 으스스하다.
② 너무 조용하여 강물이 가을바람에 뒤척이는 소리만이 <u>소소하게</u> 들려왔다. → 바람이나 비 소리 따위가 쓸쓸하다.
③ 하늘이 잔뜩 흐려 있고 날씨가 <u>을씨년스러운</u> 게 곧 눈이라도 쏟아질 것 같다. → 날씨나 분위기 따위가 몹시 쓸쓸하다.

④ 알프스 산정에서 온 그녀는 맑고 <u>서늘한</u> 눈을 가진 아름다운 처녀이다. → 물체의 온도나 기온이 꽤 찬 느낌이 있다.

⑤ 기러기가 나는 것이 보이고, 귀뚜라미 울음 소리가 들리더니 어느덧 가을도 <u>소슬하게</u> 짙어가고 있다. → 으스스하고 쓸쓸하다.

정답 ④

문제 3 밑줄 친 부분을 가장 적절하게 한자어로 대치한 것은?

① 그녀는 소위 명품이 아닌 옷을 입은 여자를 <u>내려다보는</u> 버릇이 있다. → 멸시(蔑視)

② 이쪽을 <u>노려보는</u> 청년의 눈에서 불똥이 튀는 듯한 살기를 느꼈다. → 백안시(白眼視)

③ 그는 무섭게 눈을 <u>흘기고</u> 한참을 서 있다가 할 수 없이 나가버렸다. → 사시(斜視)

④ 어디서 감히 눈을 <u>부라리냐</u>며 아버지는 아들에게 호통을 치셨다. → 응시(凝視)

⑤ 그녀는 얄밉다는 듯이 손님을 <u>째리면서</u> 카운터에 새 잔을 주문했다. → 질시(嫉視)

정답 ①

문제 4 〈보기〉와 같은 방식으로 만들어진 단어는?

융합합성어 : 둘 이상의 낱말이 서로 어울려 각각의 원래 뜻을 벗어나 한 덩어리의 새 뜻을 나타내는 합성어.

〈보기〉膾 : 날고기, 炙 : 구운 고기
　→ 회자(膾炙) : 칭찬을 받으며 사람의 입에 자주 오르
　　내림.

① 형제(兄弟) : 형과 아우를 아울러 이르는 말.
② 내외(內外) : 남편과 아내를 아울러 이르는 말.
③ 자매(姉妹) : 언니와 아우를 아울러 이르는 말.
④ 남매(男妹) : 오빠와 누이를 아울러 이르는 말.
⑤ 숙질(叔姪) : 아저씨와 조카를 아울러 이르는 말.

정답 ②

외고 국어

　외고에 진학하려는 학생은 문학적 감상력을 일정 수준 이상으로 높여야 합니다. 시와 소설을 외워서 푸는 것이 아니라 어떠한 생소한 작품이 나오더라도 이를 올바르게 감상할 수 있는 능력을 키워야 합니다.

　그러한 능력은 단순히 문제를 많이 푼다고 해서 길러지는 것이 아닙니다.

　문학적 감상력은 문제 풀이에 의해 길러지는 것이 아니라

작품을 대하고 분석할 수 있는 눈이 있어야 합니다.

과학고 국어

과학고 지망생은 수학과 과학 이외의 과목은 그리 중요하지 않다고 생각하는 것 같습니다. 하지만 앞에서도 말했듯이 모든 공부의 기초는 국어입니다. 국어를 잘 못하면 아무리 수학적, 과학적 머리가 뛰어나다고 해도 이론이나 용어를 이해할 수 없게 됩니다. 누가 이론이나 문제를 쉽고 빨리 이해하느냐에 따라 짧은 시간 안에 많은 것을 공부할 수 있습니다. 또한 내신 관리를 위해서도 국어 공부를 소홀히해선 안 됩니다.

민사고 국어

민사고는 국어능력 인증시험과 KBS 한국어 능력시험 가운데 한 개의 성적표 제출을 의무화하고 있습니다.

KBS 한국어 능력시험은 민사고뿐만 아니라 외고에서도 필요로 하고 있으니 국어를 가볍게 봐서는 안 될 겁니다.

평소 신문 사설이나 다양한 주제를 가진 책을 많이 읽고, 그런 과정을 통해 내용 이해는 물론 요약하고 비판하는 능력을 기르는 게 좋습니다.

과학에 눈을 뜨자

과학은 초등학교 때 흥미를 잃으면 다시 흥미를 갖기 어렵습니다.

흔히 과학에 흥미를 잃게 되는 가장 큰 이유는 생소한 용어 때문입니다. 새롭게 등장하는 용어들을 제대로 이해하지 못하면 한계에 부딪히게 됩니다. 따라서 용어에 대한 정확한 이해가 필요합니다. 특히 과학은 글만으로는 이해가 잘 안 되므로 그림이나 그래프 읽는 방법을 잘 익혀둬야 합니다.

과학은 암기 과목이 아니라 이해 과목입니다.

단원을 배우면 전체적인 내용을 머릿속에서 정리할 수 있어야 합니다. 단원의 목표는 무엇인지, 그것을 알기 위한 실험은 어떻게 진행하였는지, 또 새로운 용어와 외워야 할 공식은 무엇인지 등을 문제 풀이를 통해 확인하는 과정이 필요합니다.

그러기 위해서는 교과서 속 개념들을 말로 외우려 들지 말고 그래프, 도표, 실험 장치, 모형 등을 이용해 눈으로 익히고 제대로 이해해야 합니다.

마지막으로, 알고 있는 개념을 친구에게 설명하면서 실생활에 적용해 보면 없던 흥미도 생기고, 그러면 과학이 한층 친근하게 느껴질 것입니다.

책으로 과학 공부하기

책 한 권이 인생을 좌우하기도 합니다.

과학 잡지를 보고 과학고로 진로를 잡은 학생, 인텔 창업

자인 '앤디 그로브'가 잡지에 기고한 논문을 보고 반도체 전문가의 꿈을 키운 대기업 사장 등 책은 인생의 길을 밝혀 주는 등불과도 같습니다.

과학과 친해지고 싶다면 과학 관련 책을 읽는 것이 도움이 될 것입니다. 책이든 잡지든 과학에 관한 글에는 대부분 과학자도 함께 등장합니다.

위대한 과학자가 무슨 업적을 남기고 무슨 일을 했는지 이해하는 것이 중요합니다. 일단 인물에 관심을 가지게 되면 그 인물의 활동에도 흥미를 갖게 되어 자연스럽게 과학에 흥미가 생깁니다.

특히 과학고를 목표로 하는 학생들 중에는 유독 과학 잡지를 읽고 진로를 결정한 경우가 많습니다.

과학 잡지는 최신 과학에 대한 정보를 모두 모아둔 것으로 과학에 흥미를 끌기에 아주 좋습니다. 〈과학쟁이〉〈과학동아〉〈별과 우주〉〈뉴턴〉 등이 초등학생이 보기에 적당한 과학 잡지입니다.

과학고에 가기를 바란다면 두말할 것도 없이 과학책을 자주 접하는 게 좋습니다. 초등학교 때 영어, 수학 실력을 쌓는 것보다 과학책을 읽는 것이 더 중요합니다. 과학책을 단순히 재미있게 읽고 끝내는 것이 아니라 읽은 과학책을 요약하는 연습도 필요합니다.

과학 창의성 전형

교육과학기술부는 2011학년도 과학고 입시에서 전체 1,520명 모집 정원 중 475명은 입학사정관 전형으로, 나머지 1,045명은 과학 창의성 전형으로 선발한다고 했습니다.

그 가운데 과학 창의성 전형은 창의적 문제 해결력을 검사하는 과학창의캠프를 통해 선발합니다. 실험, 탐구, 프로젝트 해결, 결과 발표 등을 통해 지원자의 과학 창의성과 잠재력을 평가해 선발하는 전형입니다.

그렇다면 과학 창의성이란 무엇일까요?

1970년대에 쏘아올린 우주선에서 볼펜이 나오지 않자 미국은 120만 달러를 들여서 새로운 볼펜을 개발했습니다. 하지만 러시아는 간단히 해결했습니다. 바로 연필을 사용한다는 창의적 생각을 한 것입니다. 이렇듯 과학 창의성이란 새로운 발상으로 문제를 해결하고 대상을 바꾸는 것입니다.

과학 창의성은 우리 실생활에 많은 도움을 주었습니다. 먼지통까지 비우는 로봇청소기나 우리 몸 속에 들어가는 인조혈관, 인터넷으로 인공위성 사진을 보여 주는 구글 어스 등은 모두 과학 창의성에서 출발한 예들입니다.

그러한 과학 창의성을 키우기 위해 초등학교 때부터 실험을 통한 과학 개념을 이해할 필요가 있습니다. 간단한 실험을 직접 수행해 봄으로써 실험 설계에 익숙해져야 합니다. 그러한 과정을 통해 과학 사고력을 쌓는 것이 중요합니다.

과학영재학교 과학캠프에서는 스스로 실험을 설계하고 결과를 이끌어내는 과정에서 지원자가 과학 교과 속 개념을 얼마나 잘 이해하고 있는지를 평가합니다. 실험에서 원하는 결과를 얻지 못하였더라도 잘못된 결과의 원인을 찾아낼 수 있는 능력을 평가합니다.

천재와 창의력

머리가 좋으면 창의력도 뛰어날까요? 꼭 그렇지만은 않습니다.

인도에 천재 수학자가 있었습니다. 집이 가난해서 학교에는 다니지 못하고 혼자서 수학 체계를 수립한 사람입니다.

청년이 수학 천재라는 소문이 영국에까지 전해져 영국의한 수학자가 인도로 그를 찾아왔습니다. 청년의 노트를 보니어느 수학자도 해낼 수 없는 대단한 체계를 혼자서 만들어놓았습니다.

하지만 청년이 해놓은 것은 과거 수학자들이 이미 다 해놓은 수학의 역사를 기록한 것에 불과했습니다. 다시 말해 청년은 전혀 창의적이지 않았던 것입니다.

기존의 수학 체계에 대한 지식을 가지지 못했기 때문에 천재였지만 창의적인 사람은 되지 못한 것입니다. 따라서 머리가 좋다고, 천재라고 해서 꼭 창의적이라고는 말할 수 없습니다.

초등학교 때 과학을 쉽게 이해한다고 해서 지식 쌓기를 게을리하면 앞의 인도 청년처럼밖에는 안 됩니다.

과학 실력에 국어 실력 더하기

과학의 서술, 논술형 문제는 기본 개념과 관련된 실험에서 주로 출제됩니다. 이에 대비하는 방법은 실험에 적극 참여하고 실제로 조작하는 습관을 들이는 것입니다.

실험의 기본 개념을 이해하고 결과가 어떻게 나왔는지, 그 의미가 무엇인지 정리해야 합니다.

그러나 정리만 한다고 해서 과학 논술을 잘할 수 있는 것은 아닙니다. 기본 개념과 의미를 잘 정리한 후 이를 토대로 논술 훈련을 해야 합니다.

단순히 어떤 내용을 암기해서 풀 수 있는 문제가 아니라, 어떤 사안에 대한 생각이나 의견을 직접 서술해야 하는 것입니다.

과학 서술형 문제의 기본은 과학 교과서의 학습 목표를 제대로 이해했는지를 묻는 것입니다. 그 기본 개념을 실험으로 증명하는 사례를 보여 주고 문제를 내기 때문에 왜 이런 실험을 사례로 제시했는지, 무엇을 묻고자 하는지를 이해하는 연습이 가장 필요합니다.

서술형 과학 문제를 잘 풀기 위해서는 우선 문제를 이해하는 힘을 키워야 합니다. 서술형 문제는 자신의 생각이나 의견을 쓰는 것이므로 문제에서 요구하는 바를 이해하지 못하면 전혀 답을 쓸 수 없거나 엉뚱한 답을 써서 좋은 점수를 얻을 수 없습니다.

그런데 문제를 이해하고 핵심을 알았다 해도 답을 못 쓰는 경우가 많습니다. 따라서 과학을 잘하려면 국어 실력을 길러야 합니다. 자신이 알고 있는 것을 표현할 줄 알아야 인정을 받는 것이지요.

자신이 아는 내용을 문장으로 표현하는 힘을 기르려면 다양한 교육 관련 서적과 과학 서적을 읽으면서 배경 지식을 쌓고 국어 공부 자체를 진지하게 해야 합니다.

과학 올림피아드

2011학년도 과학고 입시부터는 올림피아드나 각종 경시대회 수상 실적 등은 전혀 반영되지 않고 기존의 특별 및 일반 전형 대신 입학사정관 전형과 과학 창의성 전형으로 입학생을 선발합니다. 그러니 과학고에 가기 위해 과학 올림피아드에 나갈 이유는 없어진 것이죠.

하지만 꼭 입상 때문이 아니더라도 과학고를 가고자 하는 학생이라면 여러 경시대회에 참가해 자신의 실력을 측정해 보는 것이 좋습니다. 자신의 실력이 어느 정도이고 어떤 학교를 지원할 수 있는지 알 수 있으니까요.

또한 과학 올림피아드를 준비하면 아무래도 과학 실력이 올라가고, 잘하면 수상의 기쁨도 함께 누릴 수 있겠죠.

외고 과학

과학은 외고를 목표로 하는 학생들에게는 자칫 관심 밖의 과목이 될 수 있습니다. 입시와 직접적인 관련이 없는 과목이기 때문입니다.

하지만 과학 역시 내신 성적 관리를 위해서는 관심 밖에 두면 안 되는 과목입니다. 또한 과학은 원인과 결과가 분명한 실험과 현상에 대해 주로 공부하므로 논리적인 생각과 추리력 등을 키우는 데 많은 도움이 됩니다.

특목고를 목표로 하고 있다고 해서 고등학교 입시만 생각해서는 안 됩니다. 다시 말하지만 특목고는 과정일 뿐 최종 목표가 아닙니다. 고등학교 입시가 끝나면 대학 입시 그리고 사회에 나가 자신의 꿈을 이루기 위한 과정 등이 아직 많이 남아 있습니다.

민사고와 과학고 과학

과학고는 입시 전형에 수학과 과학 분야의 창의적 문제 해결력 평가 전형이 있습니다. 민사고는 영재 판별 검사에서 과학 영역을 봐야 합니다.

영재 판별 검사에서 과학이 차지하는 비중은 무시할 수 없습니다. 대부분 중학교 교과 과정의 내용에서 출제되지만 학습 내용을 근거로 유추하여 답을 내야 하는 경우가 많습니다.

따라서 초등학교 때부터 교과서 중심으로 실력을 쌓고 생활 과학을 많이 접목시켜 문제를 서술형으로 풀어나갈 수 있도록 논리 전개력을 길러 주는 훈련이 필요합니다.

2008년 영재 판별 검사 과학 영역 문제

문제 1 강물이 겨울에 얼어도 물고기들은 산다. 물이 위부터 얼기 때문에 수중 생태계가 유지될 수 있다. 물이 위부터 어는 이유를 쓰시오.

정답 물이 얼어 얼음이 되면 부피는 증가하고 질량은 변함이 없어 밀도가 작아지게 된다. 물의 밀도는 얼음보다 크므로 밀도가 작은 얼음이 물 위에 위치하게 돼 위에서부터 얼게 된다.

문제 2 물 분자의 구조를 바탕으로 이를 설명하시오.

정답 물 분자는 수소 결합을 하고 있다. 물이 얼어 얼음이 될 때 수소 결합을 유지하기 위해 육각형 모양을 형성하게 되는데, 이 때 물 분자 사이의 공간이 증가하면서 부피가 증가하게 된다. 이렇게 부피가 증가한 얼음은 물보다 밀도가 작아 물 위에 위치하게 되어 위에서부터 얼게 된다.

점점 중요해지는 사회 과목

사회는 모든 공부에 영향을 미치는 기본 과목이자 다른 과목을 공부하기 위해 필요한 필수 교양 과목입니다.

게다가 사회는 홀로 서는 과목이 아닙니다. 국어 논술에도 사회 문제가 나오고 영어 지문에도 사회 문제가 등장합니다. 따라서 주요 과목을 위해서라도 사회 공부를 소홀히해서는 안 됩니다.

우리가 살고 있는 이 세상을 이해하려면 쏟아지는 정보를 자신만의 시각으로 해석해야 합니다. 세상에 대한 이해가 깊으면 깊을수록 지식과 정보는 빛을 발합니다.

세상을 잘 아는 사람일수록 지식과 정보를 해석하고 활용하는 능력이 뛰어나기 때문에 성적이 좋은 학생들 가운데 사회 때문에 힘들어하는 학생은 별로 없습니다.

그리고 사회는 광범위한 과목입니다. 뉴스와 신문에서 쏟아지는 정보도 사회 공부와 연관됩니다. 가끔 TV의 토론 프로그램을 보는 것도 사회 공부에 도움이 됩니다.

교과서를 중심으로 하되, 매일 생활 속에서 일어나는 사회 문제에 관심을 가지면 단편적인 지식을 무턱대고 외우는 것보다 훨씬 좋은 결과를 가져올 것입니다.

교과서로 시작하는 사회 공부

무슨 과목이든 교과서를 무시해선 안 됩니다. 사회 역시 교과서를 중심으로 공부해야 합니다.

학년이 올라갈수록 교과서 내용을 제대로 이해하기가 어

려워집니다. 이것은 평소에 독서를 통해 읽고 사고하는 훈련이 부족하기 때문입니다.

교과서를 제대로 이해하기 위해서는 우선 전체 내용을 파악할 줄 알아야 합니다. 단원 하나가 끝나면 큰 제목을 적은 다음 소제목을 적고 핵심 단어를 적어 봅니다. 그리고 핵심 단어별로 내용을 정리하세요.

처음부터 핵심 단어를 뽑는 것이 쉽지는 않을 것입니다. 하지만 반복하다 보면 핵심 단어는 물론 핵심 내용을 파악하는 능력이 생길 것입니다.

그리고 사회는 나무가 아닌 숲을 볼 줄 알아야 합니다. 단원 하나하나를 따로 떼어놓고 생각할 것이 아니라, 자유롭게 넘나들며 생각하고 연결지어가며 공부하는 것이 좋습니다.

역사 공부 제대로 하기

초등학교 5학년 2학기 때부터 국사를 배우고 6학년 때 기초적인 한국사와 세계사 그리고 사회과 전 영역에 대해 훑어

보는 학습이 이루어집니다.

역사에는 사회의 모든 분야가 다 들어 있습니다. 정치, 경제, 문화 모든 영역에 능통해야 합니다. 그렇기 때문에 자칫 질리거나 어려워질 수 있습니다.

역사를 재미있게 공부하려면 나만의 연대표를 만들어 보세요. 커다란 전지에 한국사와 세계사를 연대별로 정리하는 것입니다.

역사를 모르면 리더가 될 수 없습니다. 역사는 세상을 현명하게 살기 위한 교양입니다. 그러므로 역사 공부를 하지 않은 사람은 지도자가 될 수 없습니다. 새로운 지식은 날마다 쏟아져 나오지만 역사의 지혜는 짧은 시간 안에 얻을 수 있는 것이 아닙니다.

영재 판별 검사의 사회 영역에서 가장 자주 등장하는 문제가 바로 역사입니다. 단순 암기식 문제보다는 역사적 사실을 바탕으로 창의적 사고력을 요구하는 문제가 많이 출제되고 있습니다.

역사는 학교 공부를 통해 접하는 것보다는 독서를 통해 이야기 형식으로 접하는 것이 좋습니다. 신문, 방송, 각종 통계 자료, 지도 등에 관심을 가지고 그것들을 학습에 활용하는 습관을 길러야 합니다. 어릴 때부터 역사책을 읽은 아이는 상식과 교양의 폭이 넓습니다.

그리고 위인전도 역사 공부에 도움이 됩니다. 인물이 살았던 시대를 알게 되어 인물을 통해 역사 공부를 할 수 있기 때문입니다.

직접 보고 느낄 수 있는 박물관이나 역사 탐방 캠프를 활용하는 것도 좋습니다. 가족과 함께 당일치기 또는 1박 2일로 주말에 다녀오는 것도 좋고, 캠프에서 친구들과 함께 역사 공부를 하는 것도 큰 도움이 될 것입니다.

영재 판별 검사

2009년 민사고 영재 판별 검사 사회 영역에는 한국 · 세계 지리, 세계사, 국사, 일반사회, 정치, 경제, 경제지리 등 여러 영역의 문제가 골고루 출제되었습니다.

　지리에서 기상 변화 및 국가별 시간의 변동에 관한 문제, 국사에서 골품제에 대한 문제, 일반사회에서 세계화에 관련된 문제가 나왔습니다.

　영재 판별 검사에 대비하기 위해 고등학교 사회 교과 과정을 선행할 필요는 없습니다. 중학교 사회 수준의 문제가 출제되니까요.

　하지만 교과서 내용뿐만 아니라 신문이나 관련 서적 등을 참고해 전문적인 내용까지 공부해야 좋은 결과를 얻을 수 있습니다.

　예를 들면 '외환 보유고가 적을 때, 또는 많을 경우 발생할 수 있는 문제에 대해 서술하시오.' 라는 문제가 출제될 수 있는데, 중학교 사회 교과서엔 외환 보유고에 대한 설명이 나오지 않습니다. 하지만 신문, 뉴스 등을 보며 심도있게 공부한 학생이라면 그리 어려운 문제는 아닙니다.

　그렇다고 교과서를 무시해서는 안 됩니다. 외환 보유고에 대한 문제도 교과서에서 배운 수요와 공급의 법칙을 이용하지 않으면 쉽게 풀 수 없습니다.

답안 작성 방식도 중요합니다. 단순히 외운 것을 나열하는 식으로 답을 쓰면 좋은 점수를 얻지 못합니다.

교과서와 책에서 익힌 내용을 문제에 창의적으로 적용하고 자기의 생각을 논리적으로 표현해야 좋은 평가를 받을 수 있습니다.

외고와 과학고 사회

외고와 과학고는 내신 이외에 사회 과목에 대한 평가 시험이 없습니다. 하지만 공부를 하다 보면 사회를 공부하지 않을 수 없습니다.

국어의 논술만 봐도 사회과 지식이 없으면 좋은 글을 쓸 수 없습니다. 논술 실력은 배경 지식이 바탕에 깔려 있어야 발휘할 수 있는 것입니다. 배경 지식이 든든해야 좋은 글을 쓸 수 있습니다.

　그리고 세상에 대한 이해가 깊을수록 지식과 정보는 빛을 발합니다. 세상을 잘 아는 사람일수록 지식과 정보를 해석하고 활용하는 능력이 뛰어나므로 시야도 넓어지고 생각도 깊어지기 마련입니다.

민사고 사회

　민사고를 준비하는 학생이라면 초등학생 때 많은 책을 읽어야 합니다. 많은 책이란 수를 말하는 것이 아니라 깊이를 말합니다. 여러 분야의 책을 많이 읽으라는 것이지요.

　무엇보다 내용을 자신의 생각으로 정리하는 연습을 꾸준히 해야 독서 경험이 생각의 거름으로 거듭날 수 있습니다. 또한 같은 주제를 다룬, 갈래가 다른 책이나 글을 읽고 공통 주제를 찾아 써 보는 연습도 하는 것이 좋습니다.

아래 (가)~(라)의 주제를 통합하여 한 편의 완결된 글을 쓰시오.

유의사항

① 자신의 독서 체험을 글 속에 반영하시오.
② 속담 또는 고사성어를 각각 한 번 이상 인용하시오.
③ 반드시 글의 제목을 쓰시오.
④ 원고지 1,200자 내외(±100자)로 쓰시오.
⑤ 일반계열 지원자는 국어, 국제계열 지원자는 영어로
   쓰시오.

(가) 영국 사람이 남아프리카에 식민지를 만들기 시작할 때에 트랜스바알에서 아이들이 금강석을 가지고 노는 것을 보고 "얘들아, 내 이 아름다운 유리구슬을 줄 테니 너희의 그 돌멩이하고 바꾸겠느냐?" 하였더니, 그 아이들 말이 "이까짓 거야 저 개천에도 쌓였으니 바꾸기는 무얼 바꾸겠습니까? 그냥 가져가시지요." 하고 내어 주었다는 이야기를 오래 전에 어디에선가 읽은 기억이 아직도 새롭게 남아 있다. 그 금강석은 지금까지 영국 박물관에 보관되어 있는, 세계에서 제일 큰 금강석이라고 한다.

(나) "우리 사회가 어째서 객관성을 그토록 찬미하는가?"에는 그럴 만한 충분한 이유가 있다. 그것은 우리의 물질 문화에서 그토록 중요한 사물의 세계를 다루는 데 매우 큰 도움을 주기 때문이다. 객관성은 이제 우리의 피 속에 흐르고 있다. 우리는 미국을

황무지에서 개척하였던 바, 우리에게 그토록 막대한 양의 재화를 생산하여 공급해 준 미국 산업의 위대한 업적은 기본적으로 생산에 대한 객관적, 과학적 접근에 의하여 이루어진 것이다. 그러나 산업 경영에서의 과학적 접근은 우리가 사물의 세계를 통제하는 데 크게 도움을 주었지만, 그것을 사람을 다루는 일에 적용할 때는 허물어짐을 우리는 깊이 성찰해야 할 것이다.

(다) 만일 우리가 황금의 수성인 궁전과 저택의 장식 대신, 도덕의 속성으로 자기 자신을 광휘있게 할 수 있다면 엄청난 군비의 무거운 짐을 짊어지지 않고 어떠한 대적에 대해서도 능히 도전할 수 있을 것이다.

(라) 중국의 유명한 교육자 도행지는 젊은 시절에 "지(知)는 행(行)의 시원이다."라는 견해의 영향을 받아 이름을 '도지행'이라고 지었다. 후에 그는 실천 과정에서, 실천하지 않으면 알 수 없으며 실천한 후에야 알 수 있다는 것을 알게 되어 자기 이름을 '도행지'로 고쳤다고 한다. 19세기의 독일 작가 괴테는 "모든 이론은 잿빛이고, 인생의 나무는 영원히 푸른 것이다."라고 하였다.

4
특목고의 종류와
특목고별
임시 유형

특목고의 종류와
특목고별 입시 유형

외국어고

외국어고는 외국어 능력을 바탕으로 창조적인 세계 변화를 주도할 국제인 양성에 취지를 맞춘 학교입니다.

외고 일반 전형은 내신·영어 듣기·구술면접 등으로, 특별 전형은 내신·외국어 우수자로 선발합니다.

2010년 입학생부터 구술면접에서 치르던 지필고사가 폐지되면서 내신 영향력이 더 커졌습니다. 현재 중학교 2학년들이 치르는 2011학년도부터는 주요 교과 성적에 과도한 가중치를 두는 것이 금지되므로 예체능을 포함한 전 과목을 고르게 잘해야 합니다.

대원외고의 2010학년도 입시 요강을 보면 일반 전형과 특별 전형으로 나뉩니다.

특별 전형은 영어 및 외국어 능력 우수자 그리고 사회 배려 대상자, 체육 특기자(전국 규모 골프대회 개인전 입상자)가 대상입니다. 일반 전형의 경우 내신이 250점이고 영어 듣기가 90점, 구술면접이 60점을 차지합니다.

특별 전형의 경우 영어와 외국어 우수자는 내신 점수가 일반 전형과 똑같은 250점이며 영어 듣기도 90점으로 똑같지만, 구술면접 대신 영어 또는 외국어 에세이 쓰기가 60점입니다. 내신의 경우 과목별 가중치가 다릅니다.

강원외국어고 | 강원도 양구군 양구읍 http://www.gf.sc.kr
경기외국어고 | 경기도 의왕시 고천동 http://www.gafl.hs.kr
경남외국어고 | 경상남도 양산시 어곡동 http://www.knfl.hs.kr

경북외국어고 | 경상북도 구미시 남통동 http://www.gyeongbuk-fl.hs.kr

고양외국어고 | 경기도 고양시 덕양구 관산동http://www.gyfl.hs.kr

과천외국어고 | 경기도 과천시 중앙동 http://www.kcfl.or.kr

김포외국어고 | 경기도 김포시 월곶면 http://www.gfl.hs.kr

김해외국어고 | 경상남도 김해시 장유면 http://www.gimfl.hs.kr

대구외국어고 | 대구광역시 달서구 신당동 http://www.taegu-fh.hs.kr

대일외국어고 | 서울특별시 성북구 정릉동 http://www.daeil.or.kr

대전외국어고 | 대전광역시 서구 내동 http://www.djfl.hs.kr

동두천외국어고 | 경기도 동두천시 지행동 http://www.dfl.hs.kr

명덕외국어고 | 서울특별시 강서구 내발산동 http://www.mdfh.or.kr

부산외국어고 | 부산광역시 연제구 연산8동 http://www.pfl.hs.kr

부산국제외국어고 | 부산광역시 해운대구 우2동 http://www.busan-ifl.hs.kr

부일외국어고 | 부산광역시 사하구 감천1동 http://www.puilschool.hs.kr

서울대원외국어고 | 서울시 광진구 중곡동 http://www.dwfl.hs.kr

서울외국어고 | 서울특별시 도봉구 창4동 http://www.sfl.hs.kr

성남외국어고 | 경기도 성남시 분당구 http://www.snfl.hs.kr

수원외국어고 | 경기도 수원시 영통구 이의동 http://www.swfl.hs.kr

안양외국어고 | 경기도 안양시 만안구 안양3동 http://www.anyang-fl.hs.kr

울산외국어고 | 울산광역시 북구 중산동 http://ufhs.use.go.kr

이화여자외국어고 | 서울특별시 중구 순화동 http://www.ewha-gfh.hs.kr

인천외국어고 | 인천광역시 부평구 산곡동 http://www.icf.hs.kr

전남외국어고 | 전라남도 나주시 용산동 http://www.jeonnam-fh.hs.kr

전북외국어고 | 전라북도 군산시 소룡동 http://www.jeonbuk-fl.hs.kr

제주외국어고 | 제주도 제주시 애월읍 고성리 http://www.jejufl.hs.kr

중산외국어고 | 충청북도 충주시 호암동 http://www.js-f.hs.kr

진주외국어고 | 경상남도 진주시 일반성면 http://www.jinju-f.hs.kr

청주외국어고 | 충청북도 청주시 흥덕구 http://www.cfl.hs.kr

충남외국어고 | 충청남도 아산시 탕정면 http://www.cnfl.hs.kr

한국외대부속용인외국어고 | 경기도 용인시 모현면 http://www.hafs.hs.kr

한영외국어고 | 서울특별시 강동구 상일동 http://www.hyfl.hs.kr

과학고 · 과학영재학교

　과학고는 1983년 경기과학고가 첫 번째로 개교를 했습니다. 전국에 20여 개교가 있으며 현재 서울과학고 · 경기과학고 · 대구과학고 등 3곳은 2011년까지 과학영재학교로 전환됩니다. 모두 공립학교이며 학생들은 의무적으로 기숙사 생활을 해야 합니다.

과학고는 창의성을 일찍 계발하여 세계 수준의 과학 인력 양성을 목적으로 합니다. 과학교육에 집중하며 학생들 대부분 조기 졸업해 대학 이공계열에 진학합니다.

중학교 2학년 때부터 단 한 번이라도 최상위권을 벗어날 경우 지원하기가 힘들 정도로 내신 지원 자격이 매우 엄격합니다.

2011학년도부터는 특별 전형에서 올림피아드 · 경시대회 입상자, 영재교육원 수료자 특별 전형이 없어집니다. 대신 입학사정관과 과학 창의성 전형으로 신입생을 뽑습니다. 그러므로 교과 성적뿐 아니라 비교과에 해당하는 임원 활동 경력 · 수상 경력 등도 관리해야 합니다.

과학영재학교는 과학고에서 전환된 학교입니다. 2003년 한국과학영재학교(부산)가 개교한 이래 서울과학고가 2009년에 과학영재학교로 다시 개교하였고, 경기과학고(2010년 개교), 대구과학고(2011년 개교)가 과학영재학교로 지정되었습니다.

과학영재학교는 영재교육진흥법의 적용을 받아 창의성과 탐구력 위주의 과학영재교육을 받을 수 있습니다. 초중등교육법의 적용을 받는 과학고보다는 영재교육다운 교육을 받을 수 있습니다.

전국 단위로 신입생을 모집하며 다단계 심사 과정을 거쳐 선발합니다. 1단계 서류전형, 2단계 문제 해결력 검사, 3단계 과학 캠프(2박 3일) 등 다단계 심사를 거쳐 학생들의 영재성을 판별하고, 10명 정도의 소규모로 학급을 구성해 연구와 실험 중심으로 공부합니다.

한성과학고의 2010학년도 입시 요강을 보면, 특별 전형은 학교장 추천제와 수학 그리고 과학 올림피아드 입상자 선발이 있습니다.

일반 전형은 수학과 과학이 1학년 때는 상위 10%, 3학년 때는 상위 7% 안에 들거나, 전국과학전람회 최우수상 이상 또는 교육과학기술부 주최 전국학생과학발명품 경진대회 금상 이상 또는 특허청 주최 대한민국학생발명전시회 금상 이상 입상자로서 3학년 수학과 과학 성적이 상위 10% 안에 들어야 지원할 수 있습니다. 이것은 2010학년도 입시 요강으로 2011학년도에는 변동될 수도 있습니다.

부산에 있는 한국과학영재학교의 경우 일반 전형은 1단계에서 학생 기록물을 평가하고 2단계에서 창의적 문제 해결력 검사를 합니다. 3단계에서는 과학 캠프와 심층 면접을 통해 과학적 문제 해결력, 창의성, 인성 등을 종합적으로 평가하여 선발합니다.

입학사정관 제도의 경우는 학생 기록물 평가를 한 후 잠재성 다면 평가를 통해 미래 과학자로서의 자질과 성장 가능성을 입학사정관이 평가하게 됩니다. 입학사정관제에는 영재 입증 자료를 서류로 제출해야 합니다.

강원과학고 | 강원도 원주시 태장동 http://www.kangwon-sh.hs.kr
경기과학고 | 경기도 수원시 장안구 송죽동 http://www.gs.hs.kr
경기북과학고 | 경기도 의정부시 녹양동 http://www.gbs.hs.kr
경남과학고교 | 경상남도 진주시 진성면 http://www.gshs.hs.kr
경북과학고 | 경북 포항시 북구 용흥동 http://kbs.hs.kr
경산과학고 | 경상북도 경산시 갑제동 http://www.gss.hs.kr

광주과학고 | 광주광역시 남구 주월동 http://www.kwangju-s.hs.kr
대구과학고 | 대구광역시 수성구 황금동 http://www.ts.hs.kr
대전과학고 | 대전광역시 유성구 구성동 http://www.djs.hs.kr
서울과학고 | 서울특별시 종로구 혜화동 http://www.sshs.hs.kr
세종과학고 | 서울특별시 구로구 궁동 http://www.sjsh.hs.kr
울산과학고 | 울산광역시 울주군 상북면 산전리
  http://www.ushs.hs.kr
인천과학고 | 인천시 중구 운서동 http://www.i-science.hs.kr
장영실과학고 | 부산시 연제구 연산9동 http://www.jyss.hs.kr
전남과학고 | 전라남도 나주시 금천면 http://www.chonnam-
  sh.hs.kr
전북과학고 | 전라북도 익산시 금마면 http://www.jbscience.hs.kr
제주과학고 | 제주도 제주시 오라2동 http://www.jeju-s.hs.kr
충남과학고 | 충청남도 공주시 반포면 http://www.chungnam-
  sh.hs.kr
충북과학고 | 충청북도 청원군 가덕면 상야리 http://www.cbs.hs.kr
한성과학고 | 서울특별시 서대문구 현저동 http://www.hansung-
  sh.hs.kr
한국과학영재학교 | 부산시 부산진구 당감3동 http://www.ksa.hs.kr

국제고

국제고는 국제화와 세계화를 선도하기 위해 인문, 사회계

열의 인재를 육성하는 학교입니다. 1998년 부산국제고가 개교한 이후 2006년 청심국제중고가 문을 열었고, 뒤이어 서울국제고와 인천국제고가 문을 열었습니다.

유학을 목표로 하는 학생은 국제고를 선택하는 게 좋습니다. 그런데 내신 반영률이 높기 때문에 내신 관리도 잘해야 하고 외국어 실력도 필요합니다.

청심국제고의 경우 일반 전형과 특별 전형으로 나뉩니다. 특별 전형은 영어 및 외국어 우수자로 영어 듣기 100점, 에세이 70점 그리고 구술면접 80점 이렇게 250점을 만점으로 선발하고, 일반 전형의 경우는 내신 120점, 영어 듣기 100점 그리고 구술면접 80점 이렇게 300점이 만점입니다.

그런데 내신의 경우는 학년마다, 과목마다 %나 가중치가 다르므로 점수 환산표를 보고 꼼꼼하게 계산해야 합니다.

부산국제고 | 부산시 부산진구 당감3동 http://www.gukje.hs.kr
서울국제고 | 서울특별시 종로구 명륜동 http://www.sghs.kr
인천국제고 | 인천광역시 중구 운서동 http://www.ii.hs.kr
청심국제고 | 경기도 가평군 설악면 http://www.csia.hs.kr

자립형 사립고

자립형 사립고는 흔히 '자사고'라고 불립니다. 학교 나름의 건학 이념에 따라 특색있는 교육 프로그램을 자율적으로 운영하는 학교입니다.

교과 과정을 자율적으로 편성하고 전국 단위로 신입생을 모집합니다. 학교별로 자체 필기 고사가 있어서 문제 유형이라든지 평가 방식, 난이도가 다릅니다.

민족사관고(강원)·상산고(전북)·광양제철고(전남)·포항제철고(경북)·해운대고(부산)·현대청운고(울산)·하나고(서울) 이렇게 7개 학교가 있습니다.

자립형 사립고는 학교마다 입시 방법이 조금씩 다릅니다. 대표적인 자사고인 민족사관고의 2010학년도 입시 요강을 살펴보면, 입학 정원의 50% 내외를 뽑는 입학사정관 전형은 서류전형과 면접 그리고 체력검사를 합니다. 모든 전형 과정은 우리말로 진행하지만 필요한 경우 영어로 진행할 수도 있습니다.

　그 외의 정원을 뽑는 영재 전형은 입학사정관 전형과 비슷하지만 영재 판별 검사를 받아야 합니다. 사회와 과학 영역으로 서류전형 합격자에 한해 실시합니다. 역시 우리말로 진행하지만 필요한 경우 영어로 진행하기도 합니다. 수학과 영어, 국어능력 입증 공인 자료는 반드시 제출해야 합니다.

광양제철고 | 전라남도 광양시 금호동 http://www.gwangcheol.hs.kr
민족사관고 | 강원도 횡성군 안흥면 소사리 http://www.minjok.hs.kr
전주상산고 | 전라북도 전주시 완산구 효자동 http://www.jb-sangsan.hs.kr
포항제철고 | 경상북도 포항시 남구 지곡동 http://www.pocheol.hs.kr
하나고 | 서울특별시 은평구 진관동 http://www.hana.hs.kr
해운대고 | 부산광역시 해운대구 우1동 http://www.haeundae.hs.kr
현대청운고 | 울산광역시 동구 서부동 http://www.hcu.hs.kr

자율형 사립고

　자율형 사립고는 학사 운영에 자율성이 확대된 새로운 학교 유형입니다. 2009년에 30개교가 지정돼 2010년에 문을 열 예정이고, 2010년에 60개교, 2011년에 100개교를 지정할 계획입니다. 광역 시·도 단위로 학생을 모집하고 내신과 추첨으로 선발할 예정입니다.

마이스터고

산업계 맞춤인력 양성을 위한 학교입니다. 기존 전문계 고등학교나 특성화 고등학교 학생들이 진로 선택을 할 때 취업보다 진학에 비중을 두는 문제를 보완하기 위해 만들었습니다. 이미 있는 전문계고 가운데 21개교가 마이스터고로 전환돼 2010년 3월 문을 열 예정입니다.

기술에 관심있는 학생이라면 지원해 볼 만합니다. 졸업 후 관련 산업으로 진출할 수 있도록 교육 과정을 운영합니다. 학비가 모두 면제되고 군 복무시 특기병으로 근무할 수 있도록 합니다.

기숙형 공립고

교육 여건이 열악한 농산어촌 지역에 들어서는 학교입니다. 주로 농산어촌 지역의 교육 기반을 강화한다는 목표를 가지고 일반계 고교에 기숙사 시설을 만들어 교육은 물론 돌봄 기능까지 하는 새로운 유형의 학교입니다.

기숙사 수용 규모를 늘려 다양한 방과 후 학교, 주말·방학 중 프로그램을 운영한다는 계획입니다. 따라서 사교육비가 상당 부분 줄어드는 효과가 있습니다.

개방형 자율학교

학교 운영의 자율성이 확대된 학교입니다. 자립형 사립고와 자율형 사립고는 사립학교만을 대상으로 하지만, 개방형 자율학교는 국·공·사립을 모두 포함합니다. 학교 운영은 자사고와 유사하지만 학교 설립과 운영을 분리해 다양한 외부 기관에 학교 운영을 위탁한다는 점이 다릅니다.